AF110309

www.ingramcontent.com/pod-product-compliance
Lightning Source LLC
LaVergne TN
LVHW021238080526
838199LV00088B/4576
9789358723120

صحافت برائے صحت

ڈاکٹر محمد مصطفیٰ علی سروری

© Dr. Mohd Mustafa Ali Sarwari

Health Journalism

by: Dr. Mohd Mustafa Ali Sarwari

Edition: January '2024

Publisher & Printer:

Taemeer Publications LLC (Michigan, USA / Hyderabad, India)

ISBN 978-93-5872-312-0

9 789358 723120

مصنف یا ناشر کی پیشگی اجازت کے بغیر اس کتاب کا کوئی بھی حصہ کسی بھی شکل میں بشمول ویب سائٹ پر
اَپ لوڈنگ کے لیے استعمال نہ کیا جائے۔ نیز اس کتاب پر کسی بھی قسم کے تنازع کو نمٹانے کا اختیار
صرف حیدرآباد (تلنگانہ) کی عدلیہ کو ہو گا۔

© ڈاکٹر محمد مصطفیٰ علی سروری

کتاب	:	صحافت برائے صحت
مصنف	:	ڈاکٹر محمد مصطفیٰ علی سروری
صنف	:	تحقیقی صحافت
ناشر	:	تعمیر پبلی کیشنز (حیدرآباد، انڈیا)
سالِ اشاعت	:	۲۰۲۴ء
تعداد	:	(پرنٹ آن ڈیمانڈ)
صفحات	:	۱۷۶
سرورق	:	تعمیر ویب ڈیزائن

نام کتاب: صحافت برائے صحت

مصنف: ڈاکٹر محمد مصطفیٰ علی سروری
ایسوسی ایٹ پروفیسر، شعبۂ ترسیل عامہ وصحافت
مولانا آزاد نیشنل اردو یونیورسٹی

صحافت برائے صحت مصنف: محمد مصطفی علی سروری

فہرست

سلسلہ	مضمون	صفحہ
1	صحافت برائے صحت	4
2	ہیلتھ اسٹوریز	12
3	اشتہارات(Advertisements)	17
4	بی بی سیFergus Walsh DCL	23
5	ڈاکٹر سنجے گپتا(Dr. Sanjay Gupta)	26
6	ہیلتھ جرنلزم میں کام کا تجزیہ	28
7	صحافت میں داخلے کے لیے سائنس ایک اہم ذریعہ	31
8	صحافت برائے صحت کیا ہے؟	45
9	ہیلتھ رپورٹنگ کیسے کریں؟	88
10	ہندوستانی بچے	95
11	کویڈ-19 وباء کے سماج کے پسماندہ طبقات پر اثرات	98
12	صفر خوراکی بچے	106
13	ٹیکہ اندازی کی تاریخ	113
14	اینٹی بائیوٹک مزاحمت کیا ہے	123

﴿ 2 ﴾

126	ٹیکہ اندازی جان بچاتی ہے اور میڈیا کی غیر ذمہ داری؟ (سیاست)	15
131	کیا ہوگا جب اینٹی بایوٹکس ادویات کام نہ کریں (روزنامہ منصف، سنڈے ایڈیشن۔ 11 جون 2023)	16
137	ٹیکہ اندازی کے بعد پیش آنے والے منفی واقعات	17
142	زچہ اور بچہ اموات	18
146	ہندوستان میں صحت کا منظر نامہ	19
155	ہیلتھ کیئر کی تحقیقاتی رپورٹنگ کے لیے 10 ضروری باتیں	20
162	طب کی اور طبی معلومات کی ترسیل	21
165	ہیلتھ رپورٹنگ اور فیک نیوز ایک چیلنج	22
167	میڈیکل جرنلزم کیا ہے؟	23
171	میڈیکل جرنلزم (لارنس کے آلٹمین، میڈیکل کرسپانڈنٹ، دی نیو یارک ٹائمز، امریکہ)	24
174	کیا صحافیوں کو بیماریوں سے بھی واقفیت رکھنا ضروری ہے؟	25

صحافت برائے صحت

جمہوریت میں ذرائع ابلاغ کو عوام تک معلومات کی ترسیل کا ایک اہم ذریعہ تسلیم کیا جاتا ہے۔ جو ایک جانب حکومتی کارکردگی اور سرگرمیوں سے عوام کو واقف کرواتا ہے تو دوسری جانب عوامی مسائل کو اجاگر کرتے ہوئے ان کو حل کرنے کے لیے حکومتی اداروں اور عوامی نمائندوں پر دباؤ ڈالنے کا بھی کام کرتا ہے۔

ذرائع ابلاغ کی بنیادی ذمہ داری معلومات کی ترسیل ہے۔ ذرائع ابلاغ یہ معلومات دو طرح کے زمروں میں فراہم کرتا ہے۔ اوّل خبروں پر مشتمل مواد اور دوسری خبروں کے علاوہ مواد ہیلتھ جرنلزم کو اردو میں صحافت برائے صحت کہا جاتا ہے۔

جیسا کہ طلبائے صحافت جانتے ہیں کہ صحافت سے مراد خبروں کو اکٹھا کرنا رجمع کرنا اور ان کی ترسیل کرنا ہے۔

جب خبروں کو جمع کرنے اور اکٹھا کرنے کا موضوع صحت سے جڑا ہو تو یہی سارا عمل صحافت برائے صحت کہلائے گا۔ صحافت برائے صحت کا موضوع کتنا اہم ہے اور مین اسٹریم صحافت کو اس موضوع پر کتنی زیادہ توجہ مرکوز کرنا چاہیے اس کا اندازہ سال 2020ء میں کرونا کی وبا کے بعد ہر عام و خاص کو ہو گیا کہ جب کوئی بیماری وبا کی شکل اختیار کر لیتی ہے تو ساری دنیا مفلوج ہو جاتی ہے۔

کیا صحافت برائے صحت کے زمرے میں صرف ٹیکہ اندازی کا ہی موضوع آتا ہے۔

جی نہیں بلکہ صحت سے متعلق صرف ٹیکہ اندازی کا ہی موضوع نہیں بلکہ صحت سے متعلق ہر موضوع اور ہر مسئلہ آتا ہے۔ ہیلتھ رپورٹنگ کے تحت ٹیکہ اندازی مہم کا افتتاح کا پروگرام ہوسکتا ہے۔ کسی ابتدائی طبی مرکز کے متعلق خبر ہوسکتی ہے۔ وزیر صحت کا بیان ہوسکتا ہے۔ کسی ڈاکٹر کی تحقیق ہوسکتی ہے۔ کسی ادویہ ساز کمپنی کی کھوج بھی ہوسکتی ہے۔ بجٹ کے دوران صحت کے مد میں خرچ کیے جانے والی رقم اور تخمینے بھی ہو سکتے ہیں۔ کسی لاعلاج مرض کے علاج کے متعلق ڈاکٹر کا انٹرویو ہوسکتا ہے۔ پانچ سال سے کم عمر بچوں کی شرح اموات میں کٹوتی کی رپورٹ ہوسکتی ہے۔

کیا صحافت برائے صحت میں صرف موضوعات کی رپورٹ ہی آتی ہے؟

جی نہیں صحافت برائے صحت میں ہر دو طرح کا مواد شامل ہوتا ہے (1) خبروں پر مشتمل مواد (2) خبروں کے علاوہ مواد

صحت سے جڑے موضوع پر وہ فیچر بھی ہوسکتا ہے۔ اداریہ بھی ہوسکتا ہے اور کسی صحت کے ماہر سے لیا گیا انٹرویو بھی۔

ذرائع ابلاغ معلومات کی ترسیل کا ایک اہم ذریعہ ہے۔ ذرائع ابلاغ سے مستفید ہونے والوں میں عوام اور خواص دونوں شامل ہیں۔ میڈیا میں شائع ہونے والی معلومات سے جہاں عوام کو طبی موضوعات پر آگہی حاصل ہوتی ہے۔ وہیں صحت سے جڑے موضوعات پر رپورٹنگ سے پالیسی ساز (اراکین مقننہ) عوامی صحت کے متعلق واقفیت حاصل کرتے ہیں۔

گذشتہ دہائیوں کے دوران جس طریقے سے میدان صحت میں ماہرین طب نے کئی ایک کامیابیاں حاصل کی ہے۔ اس کی بدلت کئی ایک بیماریوں پر قابو پانے میں مدد ملی اور بہت سے بیماریوں کے آنے سے پہلے ہی ان کو روکنے کے لیے جب ٹیکہ ندازی شروع ہوئی تو لوگوں

کو صحت کے متعلق موضوعات کی اہمیت سمجھنے کو ملی۔ بیماریوں کے خلاف انہی کامیابیوں نے صحافت برائے صحت کے کوریج میں اور اس مضمون کی اہمیت میں اضافہ کیا ہے۔

اخبارات اور ٹیلی ویژن چیانلس نے صحافت برائے صحت کے کوریج کو باضابطہ طور پر ایک مستقل (Beat) کی شکل دی۔ اخبارات اپنے ہاں صحت کے موضوع پر خصوصی سپلیمنٹس باقاعدہ طور پر شائع کرنے لگے۔ ٹیلی ویژن چیانلس نے صحت کی خبروں اور صحت پر فیچرس کو ترجیح دینا شروع کر دیا۔

امریکی نشریاتی ادارے کیبل نیوز نیٹ ورک (CNN) نے تو اس وقت ایک نئی تاریخ رقم کی۔ جب نیٹ ورک نے ڈاکٹر سنجے گپتا کو باضابطہ طور پر اپنے ٹیلی ویژن چیانل میں میڈیکل رپورٹر کے طور پر تقرر کیا۔ ڈاکٹر سنجئے گپتا نہ صرف پروفیشنل ایم بی بی ایس ڈاکٹر ہیں بلکہ اٹلانٹا کے ایک دواخانہ میں اسوسی ایٹ چیف آف نیوروسرجری سرویس میں کام کرتے ہیں۔ سی این این کی ویب سائٹ کے مطابق سال 2001 سے ڈاکٹر گپتا نے کئی ایک اہم صحت کے موضوعات پر رپورٹنگ کی ہے۔

9/ مارچ 2020 کو اپنے ایک آرٹیکل میں ڈاکٹر گپتا نے سب سے پہلے کرونا وائرس کو باضابطہ طور پر ایک وباء قرار دیا۔ اس کے بعد ہی عالمی ادارہ صحت WHO اور CDC نے کرونا کو ایک وباء کے طور پر تسلیم کیا۔

ہندوستان میں بھی مین اسٹریم میڈیا نے ہیلتھ جرنلزم کے حوالے سے لائف اسٹائل کو خوب کوریج دیا اور دبلے ہونے، خصوصی غذاؤں کا اہتمام فلم اسٹارس کی ورزش، چالیس کی عمر کو پہنچنے والوں کے لیے ضروری احتیاط پر کافی کوریج کیا اور اس کو معمول کا حصہ بھی بنایا۔

سگریٹ نوشی کے خلاف مہم، سگریٹ کے مضر اثرات پر کوریج کا یہ نتیجہ نکلا کہ حکومتیں

سگریٹ نوشی کو روکنے کے اقدامات پر مجبور ہوئیں۔ سگریٹ فروخت کرنے کے اشتہارات پر پابندی لگادی گئی۔ صرف سگریٹ نوشی کا ہی مسئلہ نہیں ہے بلکہ سرکاری دواخانوں کی ابتر ہوتی ہوئی صورتحال، انتظامی نااہلی، سرکاری اداروں کی جانب سے سرکاری ڈاکٹرس اور طبی اہلکاروں کی باز پرس کا نہ ہونا اور ان مسائل پر میڈیا کے کوریج نے طویل مدت میں حکومتوں کو بھی اس حوالے سے سنجیدگی سے غور کرنے پر مجبور کردیا ہے۔ اس کے علاوہ Medical Wastage یعنی دواخانوں سے نکلنے والے کچرے کی بھی محفوظ نکاسی کے لیے سرکاری قوانین بھی میڈیا کی بھرپور کارکردگی کی عکاسی کرتے ہیں۔

ذرائع ابلاغ کے ماہرین نے بھی میڈیا کے رول کی وضاحت کی ہے۔ Cohen (1963) نے کہا کہ میڈیا اپنے قارئین کو کیا سونچنا ہے یہ طئے کرنے میں شائد کامیاب نہیں ہوا ہے لیکن یہ میڈیا کی کامیابی ہی ہے کہ وہ کامیابی کے ساتھ قارئین کو آگاہ کررہا ہے کہ انہیں کس بارے میں سونچنا ہے۔

ایک اور ماہر ذرائع ابلاغ (1984) Freimuth et, al نے لکھا ہے کہ عوام کی بڑی تعداد ایسی بھی ہے جو اپنی صحت کے متعلق معلومات کے لیے نیوز میڈیا پر انحصار کرتے ہیں۔

صحت کے متعلق میڈیا کا کوریج نہ صرف عوام بلکہ حکومتی پالیسی سازوں کو بھی اہم امور پر متوجہ کرتا ہے۔

Bryant and Thompson 2002 جیسے ماہرین کے مطابق صحت کے متعلق موضوعات پر کوریج جو خبروں کی شکل میں ہوتا ہے بڑی اہمیت رکھتا ہے۔ اس سے نہ صرف عام شہریوں کی رائے متاثر ہوتی ہے بلکہ پالیسی ساز بھی اس طرح کے نیوز کوریج کو توجہ سے دیکھتے ہیں۔

Brown and Walsh-Childers نے 1994 میں لکھا کہ صحت کے متعلق ماہرین کو معلومات جمع کرنے میں مدد ملتی ہے۔ میڈیا کے میدان میں کی گئی تحقیق سے یہ بات بھی سامنے آئی ہے کہ اخبارات صحت کے متعلق کوریج میں اضافہ بھی کرنے کے لیے تیار رہتے ہیں کیونکہ صحت کے مسائل سے ان کے قارئین بھی محفوظ نہیں رہ سکتے ہیں۔

امریکی ڈاکٹر William Roper جو مرکز برائے انسداد بیماری کے ڈائرکٹر تھے کے مطابق بیماریوں کے متعلق آگاہ کرنے کے لیے میڈیا کا بڑا ہی اہم رول ہے اس آگاہی کی بدولت عوام اپنی صحت کے لیے کیا بہتر ہے اور کیا بہتر نہیں سے واقف ہوجاتا ہے۔

George Lundbery ایڈیٹر ہیں جرنل آف امریکن میڈیکل اسوسی ایشن کے۔ وہ لکھتے ہیں کہ عوامی میڈیا کا کوئی متبادل نہیں کیونکہ یہی مسائل کو حل کرنے میں مدد کرتا ہے۔

Health News: صحت کے متعلق خبروں سے مراد ایسی رپورٹیں، واقعات اور جدید طبی تحقیقات، نئی ادویات، موثر طریقۂ علاج کی پیشرفت، کامیاب سرجری و آپریشن، ہنگامی حالات میں دواخانوں کی کارکردگی، کارپوریٹ دواخانوں کی کامیابیاں سرکاری دواخانوں کی نئی سہولیات، سرکاری دواخانے کی نئی عمارات، حکومت کے بجٹ میں صحت کے اخراجات، صحت سے جڑے موضوعات پر ماہرین وزراء اور اعلیٰ سرکاری اہلکاروں کے بیانات صحت کے شعبہ میں سرگرم عمل غیر سرکاری تنظیموں کی رپورٹس قومی ربین الاقوامی طبی جرائد میں شائع تحقیقات، ٹیکہ اندازی سے متعلق مہم، نئے ٹیکوں کی کھوج، نئی بیماریوں کے متعلق اطلاعات شامل ہیں۔

سال کے درج ذیل مہینوں میں صحت کے حوالے سے خبروں کا خاص طور پر بھی کوریج ہوتا ہے یا اس میں اضافہ ریکارڈ کیا جاتا ہے۔

جنوری: اس مہینے میں عالمی یومِ انسداد جذام World Leprosy Eradication Day

فروری: اس مہینے کے دوران International Cancer Day

مارچ: اس مہینے میں No Smoking Day

World Water Day

World TB Day

اپریل: اس مہینے میں World Health Day

World Malaria Day

مئی: اس مہینے میں World Asthama Day

World No tobacco Day

International Nurse Day

جون: اس مہینے میں Cancer Survivors Day

World Blood Donors Day

جولائی: اس مہینے کے دوران ڈاکٹر بی سی رائے کی یوم پیدائش کے موقع پر ڈاکٹرس ڈے

Doctor Day, World Population Day world Hepatits Day

Oral Dehydration Solution (ORS)

اگست اس مہینے کے دوران، World Breast-feeding week

Heart Transplantation Day

World Mosquito Day

ستمبر کے اس مہینے کے دوران: World Alzheimers Day

world Arthritis Day

Rose Day (for Cancer Patients)

عالمی یوم انسدادِ خودکشی World Heart Day

World Suicide Prevention Day

اکتوبر: اس مہینے میں

National Voluntary Blood Donation Day, Prevention of Back Pain Day, World Osteoporosis Day, World Polio Day, World Obesity Day, World Mental Health Day, World Vegetation Day, World Menopause Day, Iodine Deficiency Disorders Prevention Day.

نومبر: اس مہینے میں:

World Radiography Day, National filavia Day, World diabetes Day, Pregnancy Week, National Epilepsy Day, World Cancer Awareness Day.

شعور بیداری کے فیچرس میں رپورٹر ماہرین سے بات کر کے ساری معلومات رپورٹ کی شکل میں ضبط تحریر کرتا ہے۔لیکن اس طرح کے فیچرس میں ماہرین کا کوئی ذکر نہیں ہوتا ہے۔جبکہ صحت پر لکھے جانے والے فیچرس کی دوسری قسم وہ ہوتی ہے جس میں ڈاکٹر یا ماہرین طب کے ناموں اور حوالے سے معلومات درج کر دی جاتی ہیں۔

صحت کے موضوع پر فیچرس عام طور پر اخبارات کے خصوصی سپلیمنٹس کے صفحات پر

شائع ہوتے ہیں۔

ان فیچرس کے ذریعہ تمام بیماریوں کا اور ان بیماریوں کا علاج کرنے والے ڈاکٹرس اور ماہرین کی آراء کو شامل کیا جاتا ہے۔ صحت کے موضوع پر لکھے جانے والے فیچرس کے موضوعات عام طور پر لائف اسٹائل، امراض نسواں، موذی بیماریاں، متعدی بیماریاں ہوتے ہیں۔ لائف اسٹائل کے تحت امراض قلب، بلڈ پریشر اور صحت سے جڑے مسائل تغذیہ بخش غذا، موٹاپا، سگریٹ نوشی، شراب نوشی، جنسی امراض، صحت کے موضوع پر شائع ہونے والے فیچرس میں شامل ہیں۔

صحافت برائے صحت   مصنف: محمد مصطفی علی سروری

Health Stories

صحت کے متعلق خبریں زمینی صورتحال کو پیش کرتی ہیں۔ یہ خبریں کسی بیماری کے پھیلنے، بیماریوں سے نمٹنے خصوصی اقدامات اور عوام کو فراہم کی جانے والی طبی سہولیات، صحت کی نگہداشت پر صرف کیے جانے والے بجٹ اور طبی انفراسٹرکچر کے متعلق ہوسکتی ہے۔ ہیلتھ اسٹوریز کے ذریعہ صحافت طبی مسائل صحت کے مسائل، عوامی مسائل (صحت سے جڑے) کی نشاندہی کرتے ہوئے انہیں اجاگر کرتی ہے۔ تاکہ حکومت ان مسائل اور امور پر فوری طور پر توجہ مرکوز کر سکے۔

صحت کے متعلق خبر میں ایسی اطلاع شامل ہوتی ہے جس میں خبر کے لوازمات سارے ہوتے ہیں۔ فرق صرف اتنا ہوتا ہے کہ وہ اطلاع صحت کے موضوع سے جڑی ہوتی ہے۔ ہمارے ملک ہندوستان میں یہ حقیقت ہے کہ ہمارا میڈیا اخبارات ہو یا ٹیلی ویژن چیانلس صحت کے متعلق رپورٹنگ کو زیادہ اہمیت نہیں دیتے ہیں۔

مارچ 2020 کو جب ہندوستان میں پہلی مرتبہ ملک گیر سطح پر لاک ڈاؤن لگایا گیا تاکہ کرونا کے بڑھتے ہوئے واقعات کو کنٹرول کیا جاسکے تو اس کے بعد سے صحافت کی تاریخ میں پہلی مرتبہ ایسا ہوا کہ صحت کی خبریں اور صحت سے جڑے ہوئے موضوعات اخبارات کی شہ سرخیوں میں مسلسل جگہ حاصل کرتے رہے۔ ٹیلی ویژن چیانلس کے متعلق بھی یہی حقیقت ہے کہ کویڈ 19 کی وجہ سے پرائم ٹائم شوز میں صحت اور صحت سے جڑے ہوئے موضوعات کو جگہ مل سکی۔

کوڈ 19 سے پہلے صحافت برائے صحت کا جو منظر نامہ تھا وہ بہت مایوس کن تھا۔ کرونا کی وبا کے سبب جس بڑے پیمانے پر اموات ہوئی اور دنیا بھر کے لوگوں کی زندگیاں متاثر ہوئی اس کی وجہ سے بھی میڈیا نے کرونا کے کوریج کو غیر معمولی اہمیت دی۔ ورنہ کرونا سے پہلے صحت کے جو موضوعات میڈیا میں جگہ پاتے تھے ان میں صحت کے میدان میں کرپشن، لاپرواہی اور صحت کے عوامی اسکیمات کی ناکامی شامل ہوا کرتے تھے۔ جن موضوعات کو کوریج ملا کرتا تھا ان میں طبی خدمات سے ڈاکٹرس کی غیر حاضری۔ ڈاکٹر کی لاپرواہی وغیرہ سرکاری دواخانہ میں ادویات کی قلت۔ نیشنل رورل ہیلتھ مشن کے فنڈز کا استعمال نہ ہونا۔ میڈیکل کی تعلیم کے معیار میں گراوٹ، تغذیہ کی کمی Malnutrition، مچھروں کی بہتات وغیرہ۔

صحت کے موضوع پر اداریئے Editorials:

کسی بھی اخبار میں ایڈیٹر حالات حاضرہ اور اہم عوامی موضوعات پر اپنی رائے کا اظہار کرتا ہے۔ اداریہ اس لیے لکھا جاتا ہے تاکہ قارئین اور ارباب اختیار اس موضوع پر توجہ مرکوز کریں۔ اداریہ کے ذریعہ قارئین کو حالات حاضرہ کے موضوعات اور مسائل کو سمجھانے کی کوشش کی جاتی ہے۔ اداریوں کے ذریعہ کسی اہم واقعہ کی تشریح اور تفہیم کی جاتی ہے تاکہ قارئین کو حقیقی صورت حال کا اندازہ ہو اور وہ اپنی رائے قائم کرسکیں۔

باالفاظ دیگر اداریہ ایسی اطلاعات اور خبریں ہوتی ہیں جس میں ایڈیٹر حضرات کی رائے بھی شامل ہوتی ہے۔

اداریہ کس طرح کام کرتے ہیں:

(1) تشریح اور تفہیم کرتے ہیں۔

(2) تنقید کرتے ہیں۔

(3) ترغیب دلاتے ہیں۔

(4) تعریف اور توصیف کرتے ہیں۔

(1) اداریہ عام طور پر اس بات کی وضاحت کرتا ہے کہ اخبار نے کسی موضوع یا عنوان پر خبروں کا کوریج کیوں کیا ہے۔ جب عنوان یا موضوع حساس ہو یا متنازعہ ہو تو اس طرح کے اداریہ تعمیری تنقید کرتے ہیں۔ اصولی موقف کی وضاحت کرتے ہیں۔ اور مسائل کی نشاندہی کرتے ہوئے ان کو حل کرنے کے لیے تجاویز بھی پیش کرتے ہیں۔ اس طرح کے اداریوں کا اہم مقصد قارئین کی توجہ اس جانب مبذول کروانا ہوتا ہے۔

(2) دوم اداریوں کی وہ قسم ہے جن کا فوری مقصد مسائل کا حل ڈھونڈنا ہے۔

(3) کبھی کبھار اداریوں میں کسی پالیسی یا فرد یا پھر ادارے کی ان کی غیر معمولی خدمات کے لیے ستائش اور تعریف بھی کی جاتی ہے۔

(4) اداریے کسی ایک فرد واحد کی رائے نہیں ہوتے ہیں بلکہ یہ صحافتی ادارے یا ادارتی بورڈ کے خیالات کی ترجمانی کرتے ہیں۔

ایڈیٹر کے نام خط Letters to the Editor:

اخبارات میں عوامی خیالات کی ترجمانی کرنے کے لیے سب سے مؤثر اور اہم پلیٹ فارم ایڈیٹر کے نام خطوط ہیں۔ اپنے خطوط کے ذریعہ قارئین اور عام آدمی حالات حاضرہ سے جڑے کسی بھی موضوع جس کو وہ اہم سمجھتا ہے کہ اپنے خیالات اور اپنی آراء کو خط یا ای میل کے ذریعہ ایڈیٹر تک پہنچا سکتا ہے۔

سماجی جہدکاروں کے لیے یہ ایک بہترین طریقہ ہے کہ وہ اخبارات کے اس پلیٹ فارم کو استعمال کر سکتے ہیں اور عوامی مفاد میں مختلف موضوعات پر ایڈیٹران اور حکومتی ذمہ داروں کی توجہ مبذول کرواسکتے ہیں۔

اخبارات کے ایڈیٹران قارئین اور دیگر شہریوں کی جانب سے بھیجے جانے والے مراسلات اور خطوط کو پڑھتے ہیں۔ اور عوامی رائے اور موڈ کا پتہ چلا لیتے ہیں۔ قارئین کے خطوط سے اخبارات کے ایڈیٹران کو خود اُن کی رپورٹنگ اور کوریج کے متعلق عوامی رائے جاننے کا بھی موقع ملتا ہے ان خطوط کے ذریعہ سے قارئین کسی ایسے موضوع، مسئلے کی بھی نشاندہی کر سکتے ہیں جس پر وہ اخبارات میں کوریج دیکھنا چاہتے ہیں۔

قارئین کے مراسلات کے موضوعات متنوع ہوتے ہیں۔

(1) اخبارات کی ادارتی پالیسی یا ادارتی موقف سے اتفاق کرتے ہوئے یا اختلاف کرتے ہوئے۔

(2) کسی سرکاری پروگرام یا پالیسی پر تبصرہ یا اپنی پسند اور ناپسند کا اظہار کیا جاتا ہے۔

(3) اخبار کے کسی گزشتہ شمارہ میں شائع شدہ خبر پر تبصرہ یا پسندیدگی کا بھی اظہار ہوسکتا ہے۔

(4) اخبار میں شائع کسی مواد کی غلطی کی نشاندہی یا دوسری کسی غلطی کی نشاندہی ہوسکتی ہے۔

(5) اخبار میں شائع کسی غلط اطلاع یا معلومات کی وضاحت کسی دوسرے قاری کی رائے پر ناپسندیدگی یا پسندیدگی کا اظہار بھی ہوسکتا ہے۔

(6) اخبارات عام طور پر مراسلوں میں قابل اعتراض مواد یا موضوع شائع نہیں کرتے ہیں۔ اس کے علاوہ ایسے خطوط بھی رد کر دیئے جاتے ہیں جن کی زبان ناقابل فہم (بہت زیادہ ٹیکنیکی) زبان استعمال کی گئی ہو۔ یا ایسی زبان جو عوام کی سمجھ سے بالاتر ہو۔

ایڈیٹر کے نام مراسلوں کی اہمیت:

اپنے مراسلوں کے ذریعہ قارئین نہ صرف اخبار میں شائع شدہ مواد پر اپنا تبصرہ کر سکتے ہیں بلکہ وہ قومی اور بین الاقوامی اہمیت کا حامل کوئی نکتہ اور نظریہ بھی پیش کر سکتے ہیں۔

بہت سارے قارئین جب اخبار ہاتھ میں لیتے ہیں اور مطالعہ کا آغاز کرتے ہیں تو سب سے پہلے قارئین کے مراسلوں پر توجہ مرکوز کرتے ہیں۔ جس سے پتہ چلتا ہے کہ قارئین کو دوسروں کی آراء اور آزادانہ خیالات جاننے میں بہت دلچسپی ہوتی ہے۔

اخباری مراسلے سیاست دانوں، پالیسی ساز افراد اور ساتھ ہی خود صحافیوں کے لیے عوامی نبض کا پتہ بھی دیتے ہیں۔ قارئین کے خطوط کے کالم اگر چہ اپنی جگہ اہمیت رکھتے ہیں لیکن نوجوانوں میں الیکٹرانک میڈیا، سوشیل میڈیا کی مقبولیت کے بعد اس کالم کے لیے نوجوانوں کی تو جہ کم ضرور ہوگئی ہے۔ اس رجحان کی وجوہات میں قارئین کے خطوط کی جگہ کا محدود ہونا اور نئی نسل میں غیر سنجیدہ طرز عمل بھی ہو سکتا ہے۔ اس کے علاوہ اخبارات قارئین کے خطوط کو اس لیے بھی رد کر دیتے ہیں جب وہ بہت طویل مراسلے ہو یا زبان و بیان بہت خراب ہوا گر قاری کا خط ایڈیٹر کو غیر دلچسپ لگے تو تب بھی وہ مسترد ہو سکتا ہے۔ کسی خط میں بہت زیادہ ٹیکنیکی الفاظ ہوں، املے کی بہت ساری غلطیاں ہو، زبان و بیان کا مسئلہ ہو، موضوع واضح نہ ہو تو اس صورت میں بھی قاری کا خط مسترد ہو جاتا ہے۔

اشتہارات(Advertisements)

ترسیل کا وہ عمل جس میں مواد کی ترسیل/اشاعت کے لیئے ادائیگی کی جاتی ہو باضابطہ طور پر رقم لی جاتی ہے اُس طرح کے مواد کو اشتہارات کہا جاتا ہے۔ انگریزی میں اشتہارات کا ایک سطری تعارف "Advertisement are paid form of communication" ۔اس طرح ہوسکتا ہے۔

اخبارات میں اشتہارات کے ذریعہ مشتہرین حضرات اپنے مطلوبہ قارئین تک اپنا پیغام پہونچا سکتے ہیں۔ اشتہارات کے ذریعہ سے مصنوعات کی فروخت میں اضافہ کیا جاسکتا ہے۔جس سے آمدنی میں بھی اضافہ ہوتا ہے۔Albert Lasker کواشتہارات کا باوا آدم کہا جاتا ہے۔ ان کے مطابق اشتہارات دراصل مطبوعہ فروخت کاری (Salesmanship)ہے۔

صحت سے متعلق پراڈکٹس کے اشتہارات کا مقصد مصنوعات کی فروخت میں اضافہ کرنا ہے۔صحت سے متعلق صرف مصنوعات پراڈکٹس ہی نہیں بلکہ خدمات کے اشتہارات بھی ہوتے ہیں جن کا مقصد اپنی خدمات کے دائرے کو وسیع کرنا ہوتا ہے۔صحت کے پراڈکٹس جیسے وزن گھٹانے والے، بالوں کے گرنے کو روکنے،جلد کی نگہداشت اور جلد کو نکھارنے والے پراڈکٹس شامل ہیں صحت سے متعلق خدمات ہوں یا مصنوعات عوام ان کے انتخاب میں کافی احتیاط کا مظاہرہ کرتے ہیں۔تا کہ صحیح پراڈکٹ کا انتخاب کریں اور اُس کو

خریدیں۔ صحت کے متعلق مصنوعات ہوں یا خدمات ان کے اشتہارات کا قارئین بغور مطالعہ کرتے ہیں پھر طئے کرتے ہیں کہ کونسا پراڈکٹ یا خدمات حاصل کی جائیں اس طرح یہ بھی سچ ہے کہ صحت کے پراڈکٹس ہوں یا خدمات ان کے اشتہارات صحت سے جڑے موضوعات پر عوام کو معلومات بھی فراہم کرتے ہیں۔ صحت کے متعلق اشتہارات کی درج ذیل زمرہ بندی کی جاسکتی ہے۔

(1) وہ اشتہارات جو دواخانوں اور فارما کمپنیوں (ادویہ ساز) کے ہوتے ہیں۔

(2) وہ اشتہارات جو حکومت یا صحت کے شعبے سے جڑی غیر سرکاری تنظیموں کی جانب سے جاری کیے جاتے ہیں۔ ان کا مقصد صحت کے متعلق عوامی شعور کی بیداری ہوتا ہے۔ جیسے ٹیکہ اندازی، ایڈز کے متعلق شعوری بیداری ان اشتہارات کو خاص مواقعوں پر جاری کیا جاتا ہے جیسے یکم ڈسمبر کو ایڈز ڈے پر اشتہارات جاری کرنا۔

(3) وہ اشتہارات جو صحت کے شعبے میں فراہم کی جانے والی خدمات کے متعلق ہوتے ہیں جیسے ڈئیگناسٹک (Diagnostic) خدمات وغیرہ یہ اشتہارات صحت کے شعبہ میں استعمال ہونے والے آلات کے بھی ہوسکتے ہیں۔ شوگر کی جانچ کا آلہ، بی پی بلڈ پریشر چیک کرنے والا آلہ وغیرہ۔

ادارہ جاتی اشتہارات:

وہ اشتہارات جو طبی اداروں اور ادویہ ساز کمپنی کے ہوتے ہیں وہ اس زمرے میں آتے ہیں۔ جیسے کارپوریٹ دواخانوں، اپولو، گلوبل ہاسپٹل، کیر ہاسپٹل، یشودھا ہاسپٹل وغیرہ یہ دواخانے خاص مواقع پر اپنے اشتہارات جاری کرتے ہیں۔ کسی علاقے میں اپنے نئے

دوخانہ کا افتتاح ہو یا اپنے دوخانے میں کسی نئے علاج کی سہولت وغیرہ۔

یہ اشتہارات الگ الگ طرح کے ہوتے ہیں۔کوئی ڈبل کالم تو کوئی پانچ کالم اور کوئی دواخانہ تو پورے صفحہ کا اشتہار جاری کرتا ہے۔دواخانوں کے علاوہ انشورنس کمپنیاں فارما سیوٹیکل کمپنیاں بھی جو اشتہارات جاری کرتے ہیں۔ وہ ادارہ جاتی اشتہارات کے زمرے میں ہی شمار ہوتے ہیں۔مثال کے طور پر

وجئے ڈائیگنا سٹک سنٹر

Dr. Vasan Eye Care Hospital Dr. Batra's Healing People

MedPlus Appollo Pharmacy

مصنوعات Products کے اشتہارات:

صحت کے شعبہ میں کارآمد پراڈکٹس کے اشتہارات عام طور پر زیادہ نظر آتے ہیں۔بعض پراڈکٹس کے اشتہارات دوسروں کی بہ نسبت زیادہ شائع ہوتے ہیں۔جیسے کرونا کے دور میں جسم کی قوت مدافعت کو بڑھانے والے مصنوعات کے اشتہارات زیادہ شائع ہونے لگے۔جیسے Hamdard family immunity بوسٹر، پتنجلی کا Immune Booster وغیرہ۔

پراڈکٹ کے اشتہارات میں زندہ طلسمات کا اشتہار امرت انجن ہمدرد کا سنکارہ اور دماغین، Dettol کے اشتہارات وغیرہ۔

سرکاری اشتہارات:

ٹیکہ اندازی کو بیماریوں سے بچاؤ اور بیماریوں کے پھیلاؤ کو روکنے میں بڑا ہی اہم وسیلہ مانا جاتا ہے۔حکومتی سطح پر بھی ٹیکہ اندازی کو فروغ دینے کے لیے ہر ممکنہ کوشش کی جاتی

صحافت برائے صحت　　　　　　　　　　　　مصنف: محمد مصطفی علی سروری

ہے۔ لوگوں میں شعور بیداری کے لیے آدھے سے ایک صفحہ کے اشتہارات جاری کیے جاتے ہیں۔ کرونا سے بچاؤ کے لیے بھی حکومت ہند نے جہاں بہت سارے پلیٹ فارمس سے عوامی شعور بیداری کی مہم چلائی، وہیں پر سوشیل میڈیا کے ساتھ ساتھ اخبارات کے لیے اشتہارات جاری کیے گئے جن کے ذریعہ سے ٹیکہ اندازی کے لیئے عوام کو ترغیب لائی گئی تھی۔ کرونا کے علاوہ محکمہ خاندانی بہبود اور صحت کے شعبے میں سرگرم اور بھی سرکاری ادارے اشتہارات جاری کرتے ہیں۔ مثال کے طور پر موسم گرما میں اسٹروک سے محفوظ رہنے کے لیے عوامی ہدایات پر مبنی اشتہارات، نشہ کے خلاف عوامی شعور بیدار کرنے کے لیے نارکوٹیکس کنٹرول بیوریو بھی اشتہارات جاری کرتا ہے۔

صحت کے متعلق اشتہارات کا جب تجزیہ کیا جائے تو پتہ چلے گا ان میں زیادہ تر اشتہارات فارماسیوٹیکل کمپنیوں، انشورنس کمپنیوں اور کارپوریٹ ہاسپٹلس کے علاوہ سرکاری محکموں کی جانب سے جاری کیے جانے والے اشتہارات شامل ہیں۔

اُردو صحافت اور صحافت برائے صحت:

اُردو صحافت کے حوالے سے کی گئی تحقیق میں یہ بات سامنے آئی کہ صحافت برائے صحت کا وجود اُردو صحافت میں برائے نام ہے۔ ادارتی سطح پر کوئی واضح پالیسی کا نہ ہونا بھی ایک اہم سبب ہے کہ صحافت برائے صحت کو زیادہ اہمیت نہیں دی جاتی ہے اُردو اخبارات کا انتظامیہ صحت کے متعلق رپورٹنگ کو اپنے محدود وسائل اور غیر پیشہ وارانہ انداز کار کے سبب اہمیت نہیں دیتا ہے۔ شہر حیدرآباد کے اُردو اخبارات میں کوئی نہ کوئی ایسا صحافی ضرور مل جائے گا جس نے یونیسیف (UNICEF) کے صحافیوں کے تربیتی پروگرام میں شرکت کی ہے۔ لیکن اعلیٰ سطح

عملے میں صحافت برائے صحت کے متعلق غیر سنجیدگی ایک مسئلہ ہے۔ ایک تربیت یافتہ صحافی اگر صحت کی رپورٹنگ کرے یا صحت کے موضوع پر قلم اُٹھائے تو ادارتی عملے کے ان اراکین کی مرضی پر منحصر ہے جو خبروں کے انتخاب میں قطعی فیصلہ کرتے ہیں کہ وہ چاہے تو صحت کی خبر کو شائع کریں یا مسترد۔

نئی دہلی میں UNICEF کی جانب سے اُردو ایڈیٹر حضرات کے لیے ایک اہم اجلاس طلب کیا گیا تھا جس میں شرکت کرنے والے اُردو ایڈیٹرز کی فہرست کافی طویل ہے لیکن یونیسیف کے پروگرام اور کانفرنس میں شرکت کرنے والے اخبارات صحت کی خبروں کو مناسب سمت نہیں دیتے ہیں ایسا بھی مشاہدے میں آیا ہے اس کے علاوہ خود رپورٹر اور صحافی حضرات کا ماننا ہے کہ صحت کے حوالے سے رپورٹنگ کوئی بہت زیادہ پرکشش فیلڈ نہیں ہے۔ لیکن کرونا وائرس کے پھیلاؤ کے بعد اُردو کے بشمول ہر زبان کے اخبارات چاہے علاقائی ہوں یا قومی صحت اور صحت کے مسائل کو اہمیت دینے لگے ہیں۔ اور میری دانست میں صحافت کی جدید تاریخ میں ایسا پہلی مرتبہ ہوا جب صحت سے جڑی خبریں مسلسل صفحہ اول پر اور شہ سرخیوں میں چھائی رہی لیکن ان خبروں کا محور اور مرکز کویڈ 19 ہی رہا۔

کرونا دور کی صحافت میں صحت جب مرکزی موضوع بن گیا تب بہت سارے اخبارات کے ذمہ داران صحافی اور میڈیا کے پالیسی سازوں کو احساس ہوا کہ صحت کا موضوع عام نہیں بلکہ بہت اہم اور توجہ کا مستحق ہے کرونا کے دور میں صحت کے موضوع پر جتنے زیادہ اداریہ لکھے گئے اُس سے پہلے شاید ہی ایسا ہوا ہوگا کرونا کے دور میں ہی صحت کی خبروں کا کوریج بڑھا ہے۔ کرونا کے دور میں ہی ایڈیٹر کے نام مراسلوں میں بھی صحت کے موضوع کو اہمیت دی گئی۔

کرونا کے اسی پس منظر میں بہت سارے اخبارات اور ایڈیٹران کو اس بات کا

احساس بھی ہوا کہ صحت کے موضوع کو اب نظر انداز نہیں کیا جا سکتا ہے۔ لیکن صحت کے موضوع پر سنجیدگی کے ساتھ اور منصفانہ انداز میں کوریج کے لیے صحافیوں کی مناسب تربیت کا نہ ہونا ایک مسئلہ ہے۔ بہت سارے صحافی اس بات پر پریشان تھے کہ صحت کے متعلق صحافت کا مطلب میڈیسن اور میڈیکل فیلڈ کے متعلق بہت ساری معلومات کا ہونا بھی ضروری ہے لیکن یونیسیف کی ٹریننگ اور اپنے ذاتی مشاہدے اور تجربے کی بنیاد پر میں اس بات کی وضاحت کرنا چاہونگا کہ صحافت برائے صحت میں ہم طلباء کو میڈیکل کی تعلیم نہیں دیتے اور صحت کی صحافت کا مطلب میڈیکل کی صحافت بھی نہیں ہے بلکہ یہ صحت کے متعلق اہم بنیادی باتوں کا احاطہ کرتی ہے۔ جس طریقے سے فینانس اور بجٹ کی رپورٹنگ کے دوران 5 ٹریلین کی معیشت سے کیا مراد ہے۔ 5 ٹریلین میں کتنے صفر ہوتے ہیں کتنے لاکھ کا ایک ملین ہوتا ہے۔ اور کتنے ملین ملا کر بلین ہوتا ہے۔ یہ جاننا ضروری ہے۔ اُسی طرح صحت کی صحافت سے مراد انسانی جسم سے اس کے انداز کار اور انسانوں کو لاحق ہونے والی بیماریوں اور اُن کے علاج کے طریقے کار کے متعلق معلومات حاصل کرنا ہے۔

نوٹ: مشہور ہیلتھ رپورٹرس کا تعارف: اگلے چند صفحات میں دنیا کے چند مشہور ہیلتھ رپورٹرس کا تعارف پیش کیا گیا جو طلبائے صحافت کی دلچسپی کا سامان رکھتے ہیں اور ترغیب دلاتے ہیں کہ اس شعبہ میں آگے ترقی کی جا سکتی ہے۔

Fergus Walsh DCL بی بی سی

فرگس والش کوئی ڈاکٹر نہیں ہیں اُنہوں نے تو 1983ء میں لیڈس کی یونیورسٹی سے انگلش لیٹریچر میں گریجویشن پاس کیا فرگس کے والدین مائیکل اور ایٹا آئرش تھے۔ 1950ء کی دہائی میں اُنہوں نے برطانیہ کو نقل مکانی کی۔ اُس وقت مائیکل کے پاس زیادہ کچھ سرمایہ نہیں تھا۔ لیکن اُنہیں بنجامن فرینکلن کے اس مقولہ پر پورا یقین تھا کہ:

"For the best return on your money, pour your purse into your brain, once there, no one can take it from you"

مائیکل نے اپنے چار اولادوں کی پرورش اسی اُصول کے تحت کی گریجویشن پاس کرنے کے بعد فرگس نے ریڈیو جرنلزم میں Falmouth سے پوسٹ گریجویٹ ڈپلومہ کورس کیا۔ اور بی بی سی کے لیے بطور فری لانسر کام کرنا شروع کیا۔ چند ہفتوں میں ہی فرگس نے BBC Radio & S60' clock کے لیے اپنی پہلی رپورٹ پیش کی۔

چند برسوں میں فرگس کو بی بی سی میں باضابطہ تقرر کرلیا گیا اب فرگس کو دو ہفتے مسلسل نائٹ شفٹ کرنا پڑتا تھا جو کہ 12 گھنٹوں کی ہوتی تھی اور پھر ایک ہفتہ چھٹی ملتی تھی فرگس کو پھر 1993ء میں بی بی سی لندن کے ہیلتھ رپورٹر کے طور پر کام کرنے کا موقع ملا وہ سال 2000ء تک بطور ہیلتھ رپورٹر کام کرتے رہے۔ اس کے بعد چار سال اُنہوں نے سائنس کی رپورٹنگ کی۔ اس کے بعد فرگس کو بی بی سی کے میڈیکل کرسپانڈنٹ کے طور پر کام کرنے کا موقع ملا۔

اس حیثیت میں فرگس کو میڈیکل ریسرچ اور عالمی بیماریوں کے خطرات کے موضوعات پر کام کرنا تھا۔ بطور میڈیکل کرسپانڈنٹ فرگس کو ملاوی میں HIV ایڈز پر رپورٹ کرنے کا موقع ملا۔ نائیجیریا میں پولیو، ہندوستان میں جذام، بنگلہ دیش میں بچوں کی غربت اور صحت ویتنام اور ترکی میں برڈ فلو، آسٹریلیا میں سوائن فلو اور امریکہ میں موٹاپے کے موضوع پر رپورٹنگ کے لیے انہیں سفر کرنے کا موقع ملا۔

بی بی سی کے مایہ ناز رپورٹر فرگس نے جینیاتی ریسرچ کے مختلف زاویوں بشمول Embryonic Stem Cell کے موضوع پر اس قدر بہترین انداز میں رپورٹنگ کی کہ جون 2007ء کے دوران برطانوی پارلیمنٹ کے مشترکہ کمیٹی کے روبرو اُنہیں زبانی شواہد دینے کے لیے طلب کیا گیا۔ برطانوی پارلیمنٹ کی یہ مشترکہ کمیٹی "Human Tissues and Embryos Bill" کے لیے قائم کی گئی تھی۔

طب کی دنیا میں ایک اور اہم مسئلہ Euthansia کا ہے۔ عزیز طالب علموں اس اصطلاح کا مطلب کسی بھی مرض میں شدید طور پر مبتلا مریض روزآنہ تکلیف کی شدت کو برداشت کرنے کے بجائے میڈیکل ماہرین کی نگرانی میں اپنی زندگی کو ختم کرلینا ہے۔ اس طرح کی صورتحال میں مریض یا تو لا علاج مرض میں مبتلا ہوتا ہے یا آگے چل کر مرض شدت اختیار کرنے کا خدشہ ہوتا ہے۔ تو مریض اپنی مرضی سے Euthansia کی اجازت دیتا ہے۔ Euthansia لفظ یونانی زبان کے دو الفاظ کا مجموعہ ہے (EU) کا مطلب اچھی Thanatos کا مطلب موت ہے۔

فرگس نے بطور میڈیکل کرسپانڈنٹ Ann Bruce نامی ایک 73 سال کی خاتون کا انٹرویو کیا تھا جو پارکنسن (Parkinsen) کا شکار تھی برطانیہ کی اس ڈاکٹر خاتون نے

مستقبل میں مرض کی بڑھنے والی شدت اور تکلیف کے پیش نظر سوئیز رلینڈ جا کر 2006ء میں Euthansia کے ذریعہ موت کو گلے لگا لیا۔ اس برطانوی ڈاکٹر خاتون کی زندگی کے ان آخری لمحات میں جہاں اس کے قریبی رشتہ دار موجود تھے وہیں بی بی سی کے رپورٹر فرگس بھی تھے۔ اُنہوں نے خاتون کی موت سے پہلے اُن کے اس فیصلے سے متعلق انٹرویو بھی لیا اور موت کے وقت اُس خاتون کے ساتھ رہے۔ بعد میں BBC1 نے Dr Anne Turner کی Euthansia کے ذریعہ موت کے حوالہ سے ایک ڈرامہ پیش کیا جس میں Jule Walters کے ہمراہ خود بی بی سی کے رپورٹر فرگس نے کام کیا۔ سال 2009 میں فرگس نے bbc.co.uk/blogs/fluwatch اپنا ایک بلاگ شروع کیا۔ اس بلاگ کو Best Online Health Contribution کا ایوارڈ بھی دیا گیا۔

اپنے بلاگ پر فرگس لکھتے ہیں کہ ''میں کوئی سائنس داں نہیں ہوں بلکہ ایک صحافی ہوں میں مشکل اعداد وشمار کے ذریعہ کچھ بھی چھپانے کی کوشش نہیں کروں گا یقیناً میرے پاس لوگوں کے ہر سوال کا جواب نہیں ہے لیکن میں اُن کے سوالات کے جوابات دینے کی کوشش کروں گا یا اُنہیں تلاش کروں گا۔''

ڈاکٹر سنجے گپتا (Dr. Sanjay Gupta)

ڈاکٹر سنجے گپتا عالمی نشریاتی ادارے میں سی ین ین (CNN) کے میڈیکل کرسپانڈنٹ ہیں۔ بنیادی طور پر وہ ایک پروفیشنل میڈیکل ڈاکٹر ہیں اور بطور نیروسرجن کام کرتے ہیں اُنہوں نے سال 2001ء میں CNN میں ملازمت اختیار کی۔ جب گیارہ ستمبر 2001ء کو امریکہ کے جڑوان ٹاور پر حملہ ہوا تو ڈاکٹر سنجے نے اس موقع پر بھی رپورٹنگ کی۔ سال 2003ء میں اُنہوں نے امریکی افواج کے ہمراہ بطور Embeded صحافی عراق سے بھی رپورٹنگ کی۔ عراق جنگ کے دوران اُنہوں نے رپورٹنگ کے ساتھ ساتھ خود بھی بطور ڈاکٹر سرجن ڈیزرٹ آپریشن روم میں پانچ مرتبہ سرجری بھی انجام دی ان سرجریز کی نوعیت زندگی بچانے والی تھی۔ سال 2009 میں ڈاکٹر گپتا امریکی افواج کے ہمراہ افغانستان بھی گئے اور وہاں سے بھی رپورٹنگ کی۔

ڈاکٹر سنجے گپتا پیدائشی امریکی ہیں۔ اُن کے والدین کا تعلق برصغیر ہندوستان سے ہے اور پروفیشنل ٹرینڈ ڈاکٹر ہیں۔ اگرچہ ان کے ہاں صحافت کی کوئی باضابطہ تعلیم اور ھند نہیں ہے لیکن وہ گزشتہ (22) برسوں سے CNN سے جڑے ہیں اور عوامی صحت اور صحت کے دیگر موضوعات پر ماہرانہ انداز میں رپورٹنگ کرتے ہیں۔ بطور صحافی بھی ڈاکٹر سنجے گپتا کو کئی ایک ایوارڈز سے نوازا جاچکا ہے۔ جس میں مشہور زمانہ Emmy ایوارڈ بھی شامل ہے۔ بطور نیورو سرجن ڈاکٹر گپتا صحافت کی فیلڈ میں بھی اپنی کامیابی کا پرچم بلند کرر کھے ہیں۔

عزیز طالب علموں ڈاکٹر سنجے گپتا کی مثال سے یہ بات ثابت ہوتی ہے کہ صحافت کے شعبے میں ڈاکٹرز بھی دلچسپی لے سکتے ہیں۔ اور ایک ڈاکٹر Health Reporting کے پیشے کے ساتھ بہتر انصاف بھی کر سکتا ہے۔ لیکن یہ ضروری نہیں کہ صحافت برائے صحت کے لیے ہر صحافی ڈاکٹر ہو امریکہ میں صحت کے متعلق رپورٹنگ کو کس قدر اہمیت دی جاتی ہے اُس کا اندازہ اس بات سے لگایا جا سکتا ہے کہ وہاں پر ہیلتھ رپورٹر کو بھی حکومتوں کی جانب سے اہمیت دی جاتی ہے اور اُن کے نقطہ نظر کو سنا اور سمجھا جاتا ہے۔

2016ء میں ڈاکٹر سنجے گپتا نے ادویات کے غلط استعمال پر ایک پیانل کے مباحثہ کو ماڈریٹ کیا تھا جس میں امریکی صدر باراک اُبامہ بھی شریک تھے۔ ڈاکٹر سنجے گپتا CNN کے چیف میڈیکل کرسپانڈنٹ کے علاوہ Emery یونیورسٹی ہاسپٹل میں اسوسی ایٹ پروفیسر کے طور پر کارگزار رہیں اور ٹیلی ویژن کی صحافت کے کئی ایک اعلیٰ اعزازات حاصل کر چکے ہیں۔

ہیلتھ جرنلزم میں کام کا تجزیہ

اسٹیفین میاتھیو(Stephen Mathews Mailanline)

مجھے صحافی بننے میں بے انتہاء دلچسپی تھی میں چاہتا تھا کہ میں اپنا پسندیدہ کھیل فٹبال دیکھوں اور مجھے میاچ دیکھنے کے لیے پیسے ملیں۔ میں نے باضابطہ طور پر یونیورسٹی آف Bedfard Shire سے اسپورٹس جرنلزم کا کورس مکمل کیا۔کورس تو پورا ہو گیا تھا مگر میرے ہاں جاب نہیں تھی میں نے بجائے بیکار رہنے کے خود اپنی ایک ویب سائٹ شروع کر دی جس میں نے مقامی شہر(Kettering) کی رپورٹس شائع کرنا شروع کیا۔ کچھ عرصے بعد مجھے ایک مقامی روزنامہ Northamtan Shire Telegraph میں پروفیشنل رگبی کے میاچ کے کوریج کا موقع ملا۔ جلد ہی میں ان اسپورٹس کے مقابلوں سے بھی بور ہو گیا۔ میاچ کے بعد کوئی نہ کوئی ایک ٹیم جیت جاتی تھی۔ اسپورٹس میں اب میری دلچسپی ختم ہونے لگی تھی اب مجھے کسی دوسری مصروفیت کی تلاش تھی۔ یہاں تک کہ میں نے میکانک بننے کے بارے میں بھی سوچنا شروع کر دیا۔

اس دوران مجھے ایک پارٹ ٹائم جاب ملا جس کے دوران مجھے میڈیکل پی آر ایجنسی کے لیئے کام کرنا تھا۔ چونکہ یونیورسٹی کی تعلیم کا میرا آخری سال بھی تھا میں اپنے کورس کی تکمیل کے بعد بھی اُس میڈیکل پی آر ایجنسی کے ساتھ کام کرنے کا سلسلہ جاری رکھا کیونکہ مجھے ہیلتھ بیٹ(Health Beat) میں دلچسپی پیدا ہو گئی تھی۔ ہر روز ایک نئے موضوع سے

واسطہ پڑتا تھا سینکڑوں عنوانات پر سائنس داں کام کررہے تھے۔ میں جس ایجنسی میں کام کرتا تھا وہاں پر میری ملاقات ایک اور صاحب سے ہوئی جو کہ اپنی ایک پی آر ایجنسی چلاتے تھے۔ اور بنیادی طور پر ایک صحافی تھے۔ ہیلتھ جرنلزم کرتے تھے۔ ان لوگوں کی ہمت افزائی میرے کام آئی ان کے توسط سے میری شناسائی برطانوی اخبار mail کے ہیلتھ سکشن میں برسر کار صحافی سے ہوئی۔ میں وہاں پر جب متعلقہ عملے کی چھٹی ہوئی تھی تو اُن کی جگہ کام کرنے لگا۔ پھر میں نے باضابطہ طور پر لندن کا رخ کرلیا۔

اضافی گھنٹوں کا کام

ابتدائی دنوں میں مجھے اپنے کام کے سلسلے میں خون پسینہ بہانا پڑا میں نے بھی طئے کرلیا تھا کہ میں ایک نئی ٹیم کے ساتھ کام کرنا سیکھنے کے لیے زائد محنت کروں گا زائد وقت لگاؤں گا۔ میری قسمت نے میرا ساتھ دیا اور پھر ایک مرحلہ ایسا بھی آیا جب میل اخبار میں ہیلتھ سکشن میں کام کرنے والے سبھی لوگ جا چکے تھے اور اب ہیلتھ کی رپورٹنگ میرے ہی ذمہ تھی۔ صرف تین مہینوں میں ہی میں ہیلتھ ایڈیٹر کی ذمہ داریاں نبھا رہا تھا۔ حالانکہ یہ پریشان کن صورتحال تھی لیکن میں نے اس موقع سے فائدہ اٹھایا اور یہ بات سونچ لی کہ مجھ سے غلطیاں سرزد ہوسکتی ہیں اور مجھے کئی مرتبہ سرزنش کا سامنا بھی کرنا پڑا وقت کے ساتھ ساتھ میں نے نئے لوگوں سے رابطے استوار کیے اور نئی نئی اسٹوریز کرنے لگا۔ یوں وقت کے ساتھ میرے ساتھ ایک بہترین ٹیم تیار ہوگئی ٹیم اچھی بن جاتی ہے تو اسٹوریز بھی اچھے آنے لگتے یوں آپ کا کام بھی آسان ہوجاتا ہے۔

کوئی بھی طالب علم جو آگے چل کر ہیلتھ جرنلسٹ بننا چاہتا ہے میرا مشورہ ہے کہ وہ

صحافت برائے صحت　　　　　　　　　　　　　　　　　　　　　　　مصنف: محمد مصطفی علی سروری

کبھی ہار نہ ماننے کے اُصول کو مضبوطی سے تھام لے۔ اپنے اندر عاجزی کے جذبات رکھے تو لوگ آپ کی غلطی کی نشاندہی کریں گے اپنی غلطیوں کو سدھار کر آپ آگے بڑھ سکتے ہیں۔ اگر آپ یہ سمجھنے لگیں کہ آپ سے غلطیاں نہیں ہو سکتی تھی۔ تو آپ غلط راستے پر ہیں آپ چاہے کتنا ہی بہتر سوچیں حقیقت کیا ہے۔ آپ کو نہیں معلوم اس لیے سچ کی تلاش کو اپنا مقصد بنائیں کسی ایک زاویہ یا نقطہ نظر پر اصرار نہ کریں کیونکہ صحافت برائے صحت میں آپ کا انداز بیان اور لہجہ بھی قارئین اور ناظرین پر گہرے اثرات مرتب کرتا ہے۔

:Build Your Portfolio

اگر آپ طالب علم ہیں اور انڈسٹری میں نام کمانا چاہتے ہیں تو اپنے خالی اوقات کو کارآمد بنائیں اپنا ایک پسندیدہ موضوع لیکر اُس پر کام شروع کریں۔ ای میل کرتے رہیں کام اور تجربے کی تلاش میں درخواستیں ارسال کرتے رہتے حالانکہ کام کی تلاش آسان نہیں ہے لیکن ہیلتھ جرنلزم ایک ایسا شعبہ ہے جہاں بہت سارے مواقع موجود ہیں جس میں کام کر کے اپنی صلاحیتوں کو نکھارا جاسکتا ہے۔ اور ہر شعبہ کی طرح صحافت میں بھی ایسے ہمدرد اور پر خلوص لوگ ہیں جو نئے طلباء کی ہمدردی کرنے کے لیے تیار ہیں اُن سے سوال پوچھتے رہئے، آگے بڑھنے کے راستے تلاش کرتے رہئے۔

صحافت میں داخلے کے لیے سائنس ایک اہم ذریعہ

ایلزبتھ مہاسے(Elisabeth Mahase)

مجھے شروع سے ہی ایک رپورٹر بننا پسند تھا لیکن میں سوچتی تھی کہ یہ ایک ایسا پروفیشن ہے جہاں سرمائے کی اور لوگوں سے تعلقات کی ضرورت ہے۔ جبکہ میرے ہاں دونوں بھی نہیں تھے۔ یہ سوچ کر میں اس کیریئر کو سنجیدہ نہیں لیا۔ میں نے انگلش یا جرنلزم کے بجائے یونیورسٹی میں بائیو میڈیکل سائنس کا کورس کیا۔ مجھے نہ صرف بائیولوجی کے مضمون میں دلچسپی تھی بلکہ میں گریجویشن کے بعد نوکری بھی حاصل کرنا چاہتی تھی۔

لیاب کے باہر مواقع:

میرے ڈگری کورس کے دوران میں نے پڑھا کہ سائنس رائٹر کے کیریئر میں شاندار مواقع ہیں اور دراصل یہ ذمہ داری سائنس کمیونیکشن کے بہت سارے دروازے کھول دیتی ہے۔ تب مجھے معلوم ہوا کہ لیاب میں سفید کوٹ پہننے کے علاوہ لیاب کے باہر بھی سائنس کے طلباء کے لیے بہت سارے مواقع ہیں میں نے اس منصوبے کے ساتھ کالج میں طلباء کے میگزین کے لیے لکھنا شروع کیا اس کے علاوہ مختلف بیماریوں کے متاثرہ مریضوں کی خدمت میں سرگرم عمل غیر سرکاری تنظیموں کے متعلق معلومات حاصل کی تاکہ اُن کے ساتھ میں انٹرن شپ کر سکوں میں نے برطانیہ کی Parkinsan سوسائٹی کے ساتھ پہلے انٹرن شپ شروع کی

اور پھر پارٹ ٹائم جاب۔ پھر مجھے طلباء کے اخبار کے ایڈیٹر کے طور پر کام کرنے کا موقع ملا دو برسوں کے بعد مجھے بی بی سی سائنس فوکس کے ماہانہ میگزین کے لیے کام کرنے کا موقع ملا۔ کسی طرح میری گریجویشن کی تعلیم تو مکمل ہوگئی مگر میرے لیے ملازمت کا حصول ابھی خواب تھا۔ میرا اسٹوڈنٹ لون بھی ختم ہو رہا تھا۔ مجھے نوکری کی سخت ضرورت تھی تا کہ میں لندن میں ہی قیام کرسکوں میں نے نوکری کی تلاش میں ایک PR ایجنسی میں شمولیت اختیار کرلی یہ ایجنسی صحت کے شعبے میں سرگرم تھی۔ اس ملازمت کے دوران مجھے انڈسٹری کے متعلق بہت ساری آگاہی ہوئی۔ میں نے اس کے ساتھ ساتھ پارٹ ٹائم میں امپریئل کالج میں سائنس کمیونیکشن میں ماسٹر کورس میں بھی داخلہ لے لیا۔ میں اس طرح سے اپنی تعلیم اور سیکھنے کے سفر کو جاری رکھنا چاہتی تھی کورس پارٹ ٹائم میں تھا تو دونوں کام جاری رہے۔ PR ایجنسی میں چھ مہینے کے کام کے بعد میں نے اُس نوکری کو خیر باد کہد یا اب صحافت میں کام کی تلاش تھی لیکن میں بے کار بھی نہیں رہ سکتی ہے۔ اس لیئے میں نے ایک کیفے میں کام شروع کر دیا۔ کئی جگہوں پر درخواستیں داخل کرنے کے بعد بالآخر ایک جگہ Pulse today میں مجھے کام مل گیا وہاں مجھے باضابطہ پیسے بھی ملتے تھے یقیناً قسمت کا کیریئر کی تشکیل میں اہم رول ہوتا ہے۔ لیکن بغیر محنت کے قسمت بھی کچھ نہیں کرسکتی ہے۔

طلبائے صحافت کو میرا یہی مشورہ ہے کوشش کرتے رہیں ہمت اور حوصلہ نہ ہاریں اپنے کام کے بارے میں صحیح طریقے سے لوگوں کو واقف کروائیں کسی بھی موقع کو چھوٹا نہ سمجھیں جو بھی کام ملے نہ نا کریں میرا ماننا ہے کہ صحافی پیدا نہیں ہوتے بلکہ تربیت سے تیار ہوتے ہیں۔ اور طلباء اپنی کامیابی کے لیے تربیت میں کوئی سمجھوتہ نہ کریں۔

ہندوستان میں صحت کی رپورٹنگ:

ہمارے ملک ہندوستان میں صحت کے متعلق صحافت ایک نہایت حساس موضوع بھی ہے۔ 140 بلین کی آبادی کے ساتھ ہمارے ملک میں صحت کے مسائل بھی متنوع اور چیالنجس سے پُر ہیں۔ حالانکہ صحت کے شعبے میں رپورٹنگ کرنے اور کیریئر بنانے کے بے شمار مواقع ہیں لیکن معیاری اور مناسب انداز میں صحت کی رپورٹنگ ایک مسئلہ ہے۔ مولانا آزاد نیشنل اُردو یونیورسٹی کے شعبہ ترسیل عامہ وصحافت کی جانب سے یونیسیف کے تعاون سے جو پرچہ ہیلتھ رپورٹنگ کا روشناس کر دیا گیا ہے اُس سے اُمید ہو چکی ہے کہ کم سے کم اُردو میں صحافت کی تعلیم و تربیت حاصل کرنے والے طلبہ صحت کے موضوع اور مسائل کے ساتھ بہتر انداز میں رپورٹنگ کر سکیں گے اور انصاف کر سکیں گے چونکہ یہ بات نوٹ کی گئی ہے کہ تربیت اور معلومات کی کمی کے سبب بہت سارے صحافی صحت کے موضوع پر صحیح انداز میں رپورٹنگ نہیں کر سکتے تھے تو ان کو تربیت کے لیے یونیسیف ملک گیر سطح پر مختلف سرکاری وغیر سرکاری اداروں کے تعاون سے تربیتی ورکشاپ اور پروگراموں کو منعقد کرتی ہے۔ اس سے بھی صورتحال میں بہتری کی اُمید ہے۔ عملی طور پر عام صحافی اُسی وقت کسی صحت کے موضوع پر کام کرتا ہے جب صورتحال میں صحت کا مسئلہ سنگین شکل اختیار کر جائے۔

ہیلتھ رپورٹنگ کے لیے درکار ضروری معلومات:

صحت کے متعلق رپورٹنگ عام موضوعات یا دیگر Beats کی طرح نہیں ماہرین کی رائے میں اور صحافت کے اساتذہ بھی اسبات کو تسلیم کرتے ہیں کہ صحت کی رپورٹنگ کرنے والے رپورٹر ہو یا سب ایڈیٹر ان کے لیے بعض اہم معلومات حاصل کرنا ضروری ہے۔ جب

تک خود صحافی اور پورٹر حضرات کی معلومات درست نہیں ہوں اُس وقت تک ان سے یہ توقع رکھنا بھی فضول ہے کہ وہ عوام کے لیے آسانی سے سمجھنے میں آنے والی رپورٹ تحریر اور ترجمہ کر سکیں گے کیونکہ میڈیا کا بنیادی اُصول ہے کہ ترسیل سہل ہونی چاہیے تاکہ عام آدمی ہر وہ مواد سمجھ سکے جو میڈیا میں پیش کیا گیا ہو۔

صحت کے متعلق رپورٹنگ کے لیئے ضروری ہے کہ ایک رپورٹر اس بات کو بہتر طور پر سمجھ لے کہ ہمارے ملک میں صحت کا موضوع مرکزی اور ریاستی دونوں حکومتوں کا مشترکہ موضوع ہے۔ دونوں حکومتیں اس موضوع قانون سازی کرسکتی ہیں اس کے علاوہ صحت کے محکمے ریاستی اور قومی سطح پر کیسے کام کرتے ہیں۔ یہ معلومات بھی رپورٹر کے لینے جاننا ضروری ہے۔ اس کے علاوہ صحت سے جڑی ہوئی مختلف اصطلاحات Terms اور طریقہ کار سے واقف ہونا بھی ضروری ہے۔ ایک صحافی کی تحریریں عوام کے لیے بڑی اہمیت رکھتی ہیں ایسے میں صحافیوں کو خاص کر صحت کے موضوع پر کچھ بھی لکھنے سے پہلے بڑی احتیاط برتنے کی ضرورت ہے۔

ہیلتھ رپورٹنگ کی اقسام

بیماریوں امراض کے پھوٹ پڑنے کی رپورٹنگ:

ہمارے ملک ہندوستان کی صحافت کے پس منظر میں یہ سب سے زیادہ رپورٹ ہونے والی خبریں ہیں چونکہ کسی بھی بیماری کے پھوٹ پڑنے کے وقت ماحول میں تناؤ اور لوگوں میں خدشات کی صورتحال رہتی ہے۔ اس لیے رپورٹنگ کو ہر طرح کی سنسنی خیز انداز سے محفوظ رکھنا اہم ذمہ داری ہے۔ ساتھ ہی اس طرح کی رپورٹس کا انداز تحریر ڈرامائی بھی نہیں ہونا

چاہیے۔ کسی بھی بیماری کے پھوٹ پڑنے کے ابتدائی مرحلے میں لوگوں میں معلومات کی کمی ہوتی ہے اور وہ درست اور صحیح معلومات حاصل کرنا چاہتے ہیں۔ ایسے میں رپورٹر اور صحافی حضرات کا چیالنج بھی بڑھ جاتا ہے کیونکہ پہلے تو خود اُنہیں صحیح معلومات اکھٹا کرنی ہے۔ ماہرین سے رائے لینی ہے پھر اُنہیں ملنے والی معلومات کو آسان فہم انداز میں ایسے لکھنا اور پیش کرنا ہے کہ پڑھنے والے اور دیکھنے والے کو جلد اور صحیح سمجھ میں آسکے۔ تحریر گنجلک نہیں ہونی ہیں نہ زبان ایسی ہو کہ سننے والے کو جلد سمجھ میں نہ آئے۔ بیماری سے متعلق سائنسی معلومات اور ساتھ ہی صحافت کی سماجی ذمہ داری دونوں کا لحاظ رکھتے ہوئے رپورٹ لکھی اور پیش کی جانی چاہیے۔

مختلف بیماریوں اور وباؤں کے متعلق رپورٹنگ کرتے وقت درج ذیل اہم نکات کا لحاظ رکھا جانا چاہیے:

☆ خبریں لکھتے وقت معلومات بالکل واضح ہونی چاہیے۔

☆ کسی بھی بیماری کے متعلق ابتدائی رپورٹنگ کے دوران درج ذیل نکات کا لحاظ رکھا جانا چاہیے۔

(1) اس بیماری کی علامات کیا ہیں۔

(2) ڈاکٹر سے کس وقت رجوع ہونا چاہیے۔

(3) بیماری کی نوعیت کیا ہے کیا یہ متعدی ہے یا غیر متعدی کس بیکٹیریا یا وائرس سے یہ بیماری ہو رہی ہے۔

(4) یہ بیماری انسانوں میں کیسے پھیلی ہے۔

(5) بیماری سے کس کو خطرہ ہے۔ (سماج کا کوئی خاص طبقہ یا خاص عمر کے لوگ)

(6) کونسی احتیاطی تدابیر اختیار کرنی چاہیے۔

(7) مختصر مدت اور طویل مدت میں اس بیماری کے اثرات کیا ہو سکتے ہیں۔

(8) کن خاص باتوں کا خاص طور پر لحاظ رکھنا چاہیے۔

(9) اس بیماری کے پھیلاؤ میں کیا کوئی ماحولیاتی عوامل بھی شامل ہیں۔

(10) بیماری سے جڑی کوئی غلط اطلاعات ہوں تو اُن کی تردید کی جائے۔

(11) علاج کے طریقے کار یا مراحل پر بھی روشنی ڈالی جائے۔

☆ مندرجہ بالا سبھی سوالات کے جوابات متعلقہ اور مستند ذرائع سے حاصل کیے جانے چاہیے۔ مایہ ناز میڈیکل ماہرین اور بڑے بڑے میڈیکل اداروں سے وابستہ ڈاکٹرس سے معلومات حاصل کی جانی چاہیے۔ ان کے علاوہ مسلمہ ادویہ ساز کمپنیاں ویاکسن بنانے والے ادارے، سائنسداں، ہیلتھ ورکرس سے متعلقہ اور صحیح معلومات مل سکتی ہیں۔

☆ کسی بھی بیماری کے پھیلاؤ کے لیے ماحولیات بھی بڑا رول ادا کرتے ہیں اس زاویہ سے بھی صحافی کو موضوع کا کوریج کرنا چاہیے۔

☆ بیماری اگر نئی ہو اور اُس کے متعلق معلومات کم ہو ہر طرح کی پیش قیاسی سے بچنا چاہیے اور اس بات کا انتظار کرنا چاہیے کہ طبی ماہرین کیا کہتے ہیں تا کہ صحیح معلومات صحیح ماہرین سے حاصل کی جاسکیں۔

☆ کسی بھی بیماری کے پھیلاؤ کی وضاحت کی جانی چاہیے اور احتیاطی تدابیر پر بھی رپورٹنگ کے دوران زور دیا جانا چاہیے۔

☆ بیماری یا وباء کے پھوٹ پڑنے کے بعد اُن سے کیا سیکھا جا سکتا ہے اور اُن غلطیوں کا احتساب بھی کیا جانا چاہیے جن کو درست کر کے آئندہ اس طرح بیماریوں کے پھیلاؤ کو

روکا جاسکتا ہے۔

لائف اسٹائیل بیماریوں کی رپورٹنگ:

لائف اسٹائیل بیماریوں سے مراد ایسی بیماریاں ہے جو لوگوں کو اُن کے طرز زندگی کے سبب لاحق ہوتی ہیں زمانے کی ترقی اور بھاگ دوڑ کا اثر لوگوں کی زندگیوں پر بھی پڑا ہے۔ اور مغربی ممالک امریکہ اور یوروپ میں ان اثرات پر باضابطہ تحقیق بھی کی گئی ہے تاخیر سے ہی سہی ہمارے ملک ہندوستان میں بھی اس موضوع پر سنجیدگی سے غور کرنا شروع ہوا ہے۔

سگریٹ نوشی، شراب نوشی، منشیات کا استعمال غیر مہذب طرز زندگی، غیر صحت مند غذاؤں کا استعمال ان کے سبب لاحق ہونے والے امراض طرز زندگی کے سبب لاحق ہونے والی بیماریوں میں شمار کیے جاتے ہیں۔ ان بیماریوں میں امراض قلب، موٹاپے کی بیماریاں، ذیابطیس شوگر کا عارضہ اور جگر (Liver) کی بیماریاں عام ہیں۔

دمہ کا عارضہ، ذہنی تناو (Osteoprosis) (ہڈیوں کے کمزور ہونے کے سبب لاحق ہونے والے امراض اور خطرات) جیسی بیماریاں بھی لوگوں کو اُن کے طرز زندگی کے سبب لاحق ہوتی ہیں۔ فضائی آلودگی میں اضافہ نے دمہ اور عارضہ تنفس کی بیماریوں کو بڑھایا ہے۔

طرز زندگی کے سبب لاحق ہونے والی بیماریاں جس تیزی سے عوام کو متاثر کر رہی اُتنا ہی عوام کی زندگی میں ان کی اہمیت بڑھتی جارہی ہے۔ مختلف طرح کی بیماریاں سماج کے مختلف طبقات کو متاثر کر رہی ہیں جن طبقات میں سگریٹ نوشی عام ہے وہاں منہ اور پھیپھڑوں کے بیماریوں کی شکایت عام ہے۔ سماج کے جن طبقات میں شراب نوشی عام ہے وہاں ہر جگر کے عارضہ کی بیماریاں زیادہ ہیں۔

طرز زندگی سے جڑی بیماریوں پر رپورٹنگ کے لیے ایک صحافی کو وسیع تر معلومات اور صحیح نقطہ نظر سے آگاہ رہنا ضروری ہے تاکہ مختلف عوامل کے درمیان کارفرما عوامل کا صحیح سے تجزیہ کرسکے۔ لائف اسٹائیل کی بیماریاں انفرادی طور پر سماج کے مختلف طبقات پر معاشی بوجھ میں بھی اضافہ کرتی ہیں اور افراد کے معاشی وسائل کو ختم کرنے کا سبب بنتی ہیں لوگوں کے کام کرنے کی صلاحیتوں کو متاثر کرتے ہوئے اُن کے معاشی موقف کو بھی لائف اسٹائیل کی بیماریاں خراب کردیتی ہیں۔

طرز زندگی سے جڑی بیماریوں کا کوریج کرنے کے دوران ایک صحافی کو بیماریوں کا سبب بننے والے عوامل کے متعلق بھی واضح طور پر لکھنا چاہیے تاکہ اس طرح سے خبر نگاری کے ساتھ ساتھ عوامی شعور بھی بیدار کیا جاسکے۔

جنسی ہراسانی کی رپورٹنگ:

جنسی ہراسانی کے موضوعات پر رپورٹنگ کرنے کے لیئے بڑی ذمہ داری اور احتیاط کی ضرورت ہے۔ جنسی ہراسانی کی رپورٹنگ کے بھی دو پہلو ہیں ایک تو جرم کا پہلو ہے جوکہ کرائم رپورٹنگ کے تحت آتا ہے دوسرا پہلو انسانی صحت پر پڑنے والے جسمانی اور ذہنی اثرات ہیں۔ انسانی صحت سے جڑے ہوئے پہلو کی رپورٹنگ کے لیئے رپورٹر کو ڈاکٹر جوکہ متاثرہ کا علاج کر رہے ہیں کے ساتھ مل کر معلومات حاصل کرنے ہونگے اور پھر رپورٹ کرنا ہوگا۔

رپورٹنگ کے دوران دوسرے کسی بھی موضوع پر اتنی احتیاط کی ضرورت نہیں جتنی احتیاط ایک رپورٹر کو جنسی ہراسانی کے موضوع پر قلم اُٹھاتے ہوئے کرنی چاہیے۔ ہراسانی کے متاثرین کو مکمل آزاد اور پورا وقت دیا جانا چاہیے تاکہ اپنی ساتھ پیش آئی زیادتی کا احوال بیان

کر سکیں ۔ اس موضوع پر کوریج کے لیے اخلاقی ضوابط کا بھی خاص خیال رکھنا ضروری ہے۔ زیادتی کے متاثرین کی شناخت کو پوری طرح مخفی رکھنا ضروری ہے۔صرف متاثرین ہی نہیں ان کے افراد خاندان کی شناخت کو چھپائے رکھنا میڈیا کی ذمہ داری ہے۔

انڈین پینال کوڈ کی دفعہ 228A کے تحت جنسی زیادتی کے متاثرہ کی شناخت کو کسی طرح بھی شائع نہیں کیا جاسکتا سوائے پولیس کے جب تحقیقات کے لیے ضروری سمجھا جائے یا پھر متاثرہ یا اُسکے گھر والوں کی اجازت نہ ہو۔

گجرات فسادات کے دوران جب چار مہینے کی حاملہ خاتون بلقیس بانو کے ساتھ اجتماعی زیادتی کا واقعہ پیش آیا تو انصاف کے حصول کے لیے خود بلقیس بانو اُن کے شوہر یعقوب رسول نے اپنی شناخت ظاہر کی اور ایک طویل لڑائی لڑ کر مجرمین کو سزاء دلوانے میں کامیابی حاصل کی۔

اس کے برخلاف دارالحکومت دہلی میں 16 رڈسمبر 2012 کو ایک 22 سالہ لڑکی کے ساتھ اجتماعی زیادتی کا واقعہ پیش آیا جس کے بعد مجرمین نے لڑکی کو جان سے مارنے کی بھی کوشش کی۔ اس گینگ ریپ کے واقعہ نے پورے ملک ہی نہیں سارے عالم میں میڈیا کی توجہ حاصل کر لی تھی اس واقعہ کے کوریج کے لیے لڑکی کی شناخت کو چھپانا مقصود تھا تو میڈیا نے اس لڑکی کو نربھئے کا نام دیا فزیوتھراپی کی اس طالبہ نے 29 رڈسمبر 2012ء بالآخر زخموں کی تاب نہ لاکر سنگاپور کے ایک دواخانہ میں آخری سانس لی۔تقریباً تین برسوں تک اس کیس کی رپورٹنگ کے دوران اس لڑکی کو نربھئے کے نام سے ہی لکھا گیا پھر لڑکی کی موت کے تیسرے برس اپنی بیٹی کو انصاف دلانے کی لڑائی لڑنے والی نربھئے کی ماں نے میڈیا کے سامنے اپنی لڑکی کا اصل نام جیوتی سنگھ (2015ء) ظاہر کر دیا۔

جنسی زیادتی کا شکار افراد کے متعلق رپورٹنگ کے دوران اُن کے لیے اخلاق و کردار اُن کی عادات، اُن کے لباس یا اُن کی عادات کے متعلق ہر طرح کے تبصرے سے بچے رہنا چاہیے تاکہ زیادتی کے شکار افراد کو ہی موروو الزام ٹھہرانے سے بچا جا سکے ایک رپورٹر کو جنسی ہراسانی کے متعلق کیس کی رپورٹنگ کے دوران ہراسانی کا شکار بننے والے فرد کی باز آباد کاری اور بحالی کو مقدم رکھنا چاہیے۔

اس کے علاوہ اس طرح کے واقعات کی رپورٹنگ کے دوران متاثرہ افراد کی سیکیوریٹی کو بھی ملحوظ رکھنا ضروری ہے تاکہ اس کے لیے کوئی خطرات پیدا نہ ہو جائے۔

رپورٹر کو چاہیے کہ وہ جنسی ہراسانی اور زیادتی کے واقعہ کی رپورٹنگ ایسی کرے جس سے لوگوں میں آگہی بڑھے کہ وہ کیسے اس طرح کی کسی غیر متوقع صورتحال سے محفوظ رہ سکنے میں خاص طور پر جب جنسی زیادتی کے واقعات نابالغوں کے ساتھ ہوں تو رپورٹنگ میں والدین اور سرپرستوں کے لیے وہ ساری معلومات ہونی چاہیے جس سے وہ اپنے بچوں کو اجنبیوں کی جانب سے اُن کے جسم کو چھونے کے پیچھے چھپے جرم کی شناخت کر سکیں۔ انگریزی میں اسکو Good touch، Bad touch کہا جاتا ہے ان صورتوں میں رپورٹنگ کی حساسیت اور موضوع کی نزاکت کا احساس رکھنا بے حد ضروری ہے۔

ذہنی صحت کے مسائل کی رپورٹنگ:

لوگوں کی جسمانی صحت کی طرح ذہنی صحت پر بھی توجہ ضروری ہے یہ ایک ایسا موضوع ہے جس کو حالیہ عرصے میں تسلیم کیا گیا کہ جسمانی صحت کی طرح ذہنی صحت بھی اہمیت رکھتی ہے لوگوں میں جہاں اس حوالے سے شعور بھی بڑھا ہے وہیں لوگ اب مختلف ذہنی

بیماریوں کے متعلق جاننے لگے ہیں۔ لوگوں میں اس طرح کی شعور بیداری کے لیے میڈیا کا بھی بڑا اہم رول ہے۔

Ratika Rana کی 21 ستمبر 2021ء کی رپورٹ کے مطابق تقریباً 56 ملین ہندوستانی ذہنی دباؤ سے متاثر ہیں قومی سطح پر ذہنی صحت کے حوالے سے کیے گئے 2016 کے سروے کے مطابق ہندوستان کی آبادی کا 14 فیصد حصہ ذہنی دباؤ کے سبب پیدا ہونے والی صورتحال سے دو چار ہے WHO نے نشاندہی کی کہ ہندوستان میں ذہنی دباؤ کا علاج کرنے والے ماہرین کی شدید قلت ہے۔ عالمی ادارہ صحت کے مطابق ہندوستان میں ایک لاکھ کی آبادی کے لیے صرف تین ماہر نفسیات دستیاب ہیں۔ پیش قیاسی کی گئی ہے کہ کرونا وباء کے سبب پیدا شدہ حالات اور معاشی مسائل کی وجہ سے ملک کی آبادی کا 20 فیصد حصہ ذہنی دباؤ کے مسائل کا شکار ہوسکتا ہے۔ میڈیا میں ذہنی صحت پر اگر چہ توجہ دی جا رہی ہے مگر یہ رپورٹنگ سنسنی خیز تشدد اور قتل کے واقعات تک محدود ہے۔

ذہنی دباؤ ایک عام عارضہ ہے جو لوگوں کے مزاج کو بدل دیتا ہے اس عارضہ میں مریض کی ان چیزوں اور سرگرمیوں میں دلچسپی کا فقدان جس میں دل سے خوشی محسوس ہوتی ہے یہ عارضہ روزمرہ کے کاموں میں نقصان یا بڑی آزمائش کا سبب بن سکتا ہے۔

ذہنی دباؤ اور بیماریوں کی رپورٹنگ کے دوران موضوعات پر بڑی احتیاط سے قلم اٹھانے کی ضرورت ہے کسی موضوع پر خبر نگاری کے دوران اگر فرصت نہیں ہے تو ذہنی دباؤ یا امراض کا ذکر بھی نہیں کرنا چاہیے جب ضروری محسوس ہو تو ذہنی امراض کا تذکرہ کریں اور اپنی تحریر میں بالکل درست معلومات ماہرین اور ڈاکٹر و ماہرین نفسیات سے حاصل کرسکیں۔ اس کے علاوہ رپورٹنگ کے دوران زبان کا بھی بڑی احتیاط سے استعمال کرنا ضروری ہے۔

رپورٹنگ کے دوران فوکس اس بات پر رکھیں کہ قارئین رپورٹ پڑھ کر صحیح صورتحال کو سمجھ سکیں کہ جسمانی بیماریوں کی طرح ذہنی دباؤ بھی ایک قابل علاج بیماری ہے۔

رپورٹر کو یہ بات بھی ذہن نشین رکھنی چاہیے کہ ذہنی دباؤ ایک بیماری ہے وہ کسی کا کردار یا کسی زندگی کی پہچان نہیں ہوسکتی ہے۔ذہنی دباؤ کے متعلق بھی ماہرین جس طرح سے مختلف ذہنی حالت کو بیان کیا ہے وہ واضح لکھیں عام قسم کے ''ذہنی بیمار'' ''ذہنی تناؤ کا شکار'' جملوں کو استعمال کرنے سے پرہیز کریں۔

ذہنی دباؤ/ امراض کے متعلق بعض متعلقہ اصطلاحات کا لحاظ رکھا جانا چاہیے۔

(1) Addiction/لت ایسی کیفیت ہے جس میں کوئی بھی فرد کسی نقصان دہ مادہ یا چیز کو یہ جانتے ہوئے بھی استعمال کرتا ہے کہ اس کا استعمال نقصان پہونچا سکتا ہے۔

طلبائے صحافت اور ورکنگ جرنلسٹ کے لیے ضروری ہے کہ وہ ذہنی دباؤ کے بارے میں خود بہتر طور پر آگاہ رہیں کیونکہ کرونا کی وباؤ کے دوران میں دنیا بھر میں صحافیوں کو غیر معمولی حالات میں کام کرنا پڑا کئی صحافیوں کو خود ہمارے ملک میں اپنی نوکریوں سے ہاتھ دھونا پڑا جن کی ملازمتیں برقرار رہی اُن کے لیے مسائل اور چیالنجس بڑھ گئے۔

ذہنی دباؤ کیا ہے؟

ماہرین کے مطابق ذہنی دباؤ انسانی مزاج سے متعلق ایک ڈس آرڈر ہے اس کی علامات میں مستقل طور پر رنجیدہ رہنا، عدم دلچسپی یا جوش سے محروم ہونا، منفی خیالات کا بار بار آنا شامل ہے۔ یہ وہ علامات ہیں جس سے روزمرہ کی معمول کی زندگی متار ہوجاتی ہے۔ متاثرہ فرد کی کارکردگی اور سماجی تعلقات خراب ہوجاتے ہیں اور ذہنی دباؤ کی شدید صورتوں میں متاثرہ

فرد خودکشی بھی کرسکتا ہے۔

عمر کے بڑھنے کے ساتھ ذہنی دباؤ میں مبتلا ہونے کے امکانات بھی بڑھ جاتے ہیں۔

کیا مندرجہ بالا علامات کے ظاہر ہونے پر ڈاکٹر سے رجوع ہونا ضروری ہے؟ اگر کسی فرد کو کم سے کم دو ہفتوں تک یہ علامت محسوس ہوتی ہوں اور اُس کی روزمرہ زندگی روز کا کام یا مصروفیات متاثر ہو رہی ہوں تو ایسی صورت میں ڈاکٹر یا کلینکل سائیکالوجسٹس سے رجوع ہونا چاہیے۔

نفسیاتی علاج:

نفسیاتی علاج کے ذریعہ مریض کی مدد کی جاسکتی ہے جس سے وہ منفی طرز فکر اور رویہ جاتی سوچ کے خول سے باہر نکل سکتا ہے۔ علاج کے دوران (ادارہ کی رویہ جاتی تھراپی) مریضوں کی حوصلہ افزائی کی جاتی ہے تاکہ وہ مثبت سوچ اور اپنی معمول کی مصروفیات سرانجام دے سکیں نئے طریقے اپنا کر اپنی زندگی کو مریض مثبت تجربات سے گزار سکتا ہے۔ منفی سوچ طرز فکر سے بچا جاسکتا ہے ذہنی دباؤ کو ختم کیا جاسکتا ہے۔

نفسیاتی علاج کب کروانا چاہیے؟

عام طور پر ہم میں سے کئی لوگ اداسی، مایوسی اور بیزاری کا شکار بنتے ہیں۔ لیکن یہ کیفیت ایک یا دو ہفتوں میں ٹھیک ہو جاتی ہے۔ اور ہمیں کچھ زیادہ فرق نہیں پڑتا لیکن یہ بات نوٹ کی جانی چاہیے کہ بعض مرتبہ جب اُداسی بغیر کسی وجہ کے شروع ہو جائے اور اداسی کا احساس بہت دنوں تک رہے اور ختم نہ ہو اور اُداسی کی وجہ سے ہمارے عام زندگی کے معمولات متاثر ہونے لگے تو سمجھ لیجئے کہ نفسیاتی علاج کی ضرورت ہے۔

عزیز طالب علموں ! ذہنی دباؤ کے موضوع پر ہمارے ملک ہندوستان سے زیادہ کام اور تحقیق مغربی مما لک امریکہ اور یورپ میں ہوتی ہے اور ہورہی ہے سنٹر فار ہیلتھ، جرنلزم کی ایک رپورٹ کے مطابق امریکہ میں، بچوں اور کم عمر نوجوانوں میں ذہنی دباؤ اور بے چینی کے علاوہ خودکشی کرنے کے رجحان میں گزشتہ ایک دہے کے دوران بہت زیادہ اضافہ دیکھا گیا ہے۔

کویڈ19 کی وباء نے اس مسئلے کی سنگینی کو اور بڑھا دیا ہے۔

The American Academy of Pediatrics has declared it a national emergency and the US. Surgeon General has issued a public health advisory calling for a comprehensive, coordinated response to the needs of Young People. (Reference US Department of Health & Human Services) (07-12-2021)

صحافت برائے صحت کیا ہے؟

اکٹوبر 2013ء میں برطانیہ کے میڈیکل جریدے نے دو آرٹیکل شائع کیے تھے جس میں Statin نامی دوا کے بڑے پیمانے پر استعمال کو تنقید کا نشانہ بنایا گیا تھا۔ Statin نامی دوا خون میں کولیسٹرول کو کم کرنے کے لیے تجویز کی جاتی ہے۔

برطانوی جریدے کے آرٹیکل میں دعویٰ کیا گیا تھا کہ اس دوا سے فائدہ کم اور نقصان زیادہ ہے (بعض مریضوں میں) (Abrahamsan & al 2013 Malhotra 2013) یہ موضوع میڈیا میں بھی سرخیوں میں چھایا رہا۔ اور میڈیا نے اسے "Statin war" کی شروعات قرار دیا۔ مختلف برطانوی اخبارات میں الگ الگ رپورٹوں کو شائع کیا گیا اور اس دوائی کے متعلق بحث ہوئی۔

جب میڈیا میں یہ موضوع ٹھنڈا پڑ گیا تب ماہرین کے ایک گروپ نے طئے کیا کہ وہ Statin کے حوالے سے کیے گئے میڈیا کوریج کے قارئین اور عوام پر پڑنے والے اثرات کے بارے میں تحقیق کرینگے کہ اس دوائی کے متعلق لوگوں کی سوچ میں کیا تبدیلی آئی۔

تحقیق کرنے والوں نے اکٹوبر 2013 اور مارچ 2014ء کے دوران برطانیہ کے میڈیکل ریکارڈز کا معائنہ کیا جب اعداد و شمار کا تجزیہ کیا گیا تو معلوم ہوا کہ چھ مہینے کے دوران تقریباً دو لاکھ لوگوں نے Statin دوا لینا ترک کر دیا۔ (بحوالہ Mathew & al 2016)

Statin کے اس سارے مسئلے نے ثابت کیا کہ ہیلتھ جرنلزم کی کتنی اہمیت ہے۔

کیونکہ صحت کے موضوع پر میڈیا کیا پیش کرتا ہے اس کا اثر لوگوں کے برتاؤ پر اور صحت پر بھی پڑتا ہے۔ اگر موٹے لفظوں میں کہا جائے تو ہیلتھ جرنلزم دراصل زندگی اور موت سے جڑا ہوا ہے برطانوی طبی جریدہ میں ایک واضح طریقہ کار کے ذریعہ تحقیق کو پیش کیا گیا۔ صحافت برائے صحت کا کام کرنے والے صحافی حضرات پر بڑی بھاری ذمہ داری عائد ہوتی ہے۔ صحافت میں صحت کے موضوع پر تحقیق سے یہ بات ثابت ہوتی ہے۔ صحت کے موضوعات کی رپورٹنگ جس قدر سہل اور واضح ہوگی قارئین اور ناظرین کے لیے آگاہی بھی اُسی قدر ہوگی ساتھ ہی یہ بات بھی ثابت ہوتی ہے کہ شواہد اور حقائق کے ساتھ خبریں پیش کرنا ضروری ہے کیونکہ صرف طبی تفصیلات اور ماہرین کی آراء قارئین کے لیے کافی نہیں ہوسکتی ہے۔

ڈیجیٹل نیوز رپورٹ 2022ء کے مطابق ہمارے ملک ہندوستان میں آبادی کا 72 فیصد حصہ خبریں اپنے اسمارٹ فونس کے ذریعہ حاصل کر رہا ہے۔ ایسے میں صحت کے متعلق خبروں کی ترسیل کو جہاں موبائیل فرینڈلی (موبائیل دوست انداز) پیش کرنا ضروری ہے۔ وہاں یہ بھی ذہن نشین رکھنا ہوگا تفصیلات اور معلومات ایسے پیش کی جائیں جو عام آدمی کو بہ آسانی سمجھ میں آسکیں۔

موجودہ دور میں میڈیا ادارے انہی خبروں کو زیادہ سے زیادہ وائرل کروانا چاہتے ہیں۔ اس کے لیے باضابطہ طور پر منصوبہ بندی کی ضرورت ہے۔ جس میں قارئین اور ناظرین کی ضروریات اور سہولیات کے ساتھ ساتھ صحافت کے بنیادی تقاضوں کو بھی ملحوظ رکھنا از حد ضروری ہے قارئین کی پسند و ناپسند کا خیال رکھنے کا مطلب صحافتی اُصولوں سے سمجھوتہ کرنا ہرگز نہیں ہے یقیناً حقائق ہی اصل صحافت کی بنیاد ہیں لیکن یہ بات بھی ذہن نشین رکھنا ضروری ہے کہ اُن حقائق سے کس کو دلچسپی ہے اور کتنے افراد ایسے ہیں جو انہیں پڑھنا اور جاننا چاہتے ہیں۔

موبائیل فون کے ذریعہ اب یہ معلوم کرنا بڑا آسان ہے کہ کوئی خبر کتنے لوگوں نے پڑھی ہے۔ پوری پڑھی ہے یا سرسری پڑھ کر آگے بڑھ گئے غرض ہر ایک بات پوری طرح سامنے آجاتی ہے۔ اب یہ صحافیوں اور صحافتی اداروں کی ذمہ داری ہے۔ کہ وہ ہر دو اُصولوں کی پاسداری کریں مستند حقائق پر مبنی خبریں اور صحت سے متعلق شعور کی پاسداری کرتے ہوئے صحافت برائے صحت پر کام کیا جاسکتا ہے۔ رائیٹر کے لیے تیار کردہ پراجکٹ کے مطابق News sharing پر تحقیق سے یہ بات ثابت ہوئی ہے کہ قارئین اور ناظرین کی پسند اور دلچسپی کا خیال رکھنے کا مطلب صحافتی معیار سے سمجھوتہ نہیں ہے۔

بھروسہ مند صحافت برائے صحت کی طرف قدم کیسے بڑھایا جائے؟

ہیلتھ جرنلزم کو عام طور پر سائنس جرنلزم کے تحت دیکھا جاتا ہے۔ سائنس کی خبروں کو دوزمروں میں بانٹا جاتا ہے۔ ایک تو وہ خبریں جو سائنسی تجربات کے نتائج سے متعلق ہوتی ہیں دوسرے وہ خبریں جس میں ایسے سائنسی موضوعات کا احاطہ کیا جاتا ہے جو کہ وسیع تر سماجی پس منظر کا احاطہ کرتے ہیں (بحوالہ: Summm & Volpara 2016, 778) صحافت برائے صحت کے معاملے میں بھی خبروں کو دو طرح سے تقسیم کیا جاسکتا ہے۔

پہلے زمرے میں عام طور پر نئی تحقیق کے نتائج اور دوسرے زمرے میں وسیع تر سماجی مسائل جیسے اینٹی بائیوٹیک سے بڑھتی ہوئی مدافعت اور موٹاپے کو شامل کیا جاسکتا۔ آن لائین جرنلزم کے حوالے سے صحت کی خبروں کی اس طرح باضابطہ زمرے بندی نہیں ہوسکتی ہے۔ کیونکہ بہتر صحت کا موضوع سال 2010 سے خبروں میں ایک زبردست رجحان رہا ہے۔

بعض صحافتی ادارے اپنے صحت کے کوریج کو دو گروپس میں تقسیم کرتے ہیں ایک

صحافت برائے صحت　　　　مصنف: محمد مصطفی علی سروری

سائنس اور دوسرا صحت سائنس کے سیکشن میں عموماً ریسرچ کے نتائج اور ادویات کو کور کیا جاتا ہے اور بہتر صحت کے موضوع کے سکشن میں میگزین کے اسٹائیل میں موضوعات کا احاطہ کیا جاتا ہے جیسے صحت مند غذائی عادتیں، عام بیماریوں کا علاج اور غلط عادتوں کو کیسے ترک کیا جاسکتا ہے۔ مثال کے طور پر ایسی اسٹوریز جس میں موسمی بیماریوں سے کیسے بچا جاسکتا ہے۔ امتحانی دباؤ کے دوران صحت مند غذائی عادات کا احاطہ کیا گیا ہو۔

Heini Maksimainen کے مطابق صحافت برائے صحت سائنس جرنلزم کا ہی ذیلی شعبہ ہے اور وہ کسی بھی اسٹوری کو ہیلتھ جرنلزم کے زمرے میں شمار کرنے کے لیے دو چیزوں کا خیال رکھتے ہیں۔

اول تو اسٹوری میں کم سے کم ایک ایسی بات ہونی چاہیے جسکو باضابطہ طور پر ہیلتھ سائنس کے طریقوں سے جانچا جاسکتا ہو۔

دوم اسٹوری کا عنوان صحت سے تعلق رکھتا ہواور عوام کے لیے دلچسپی کا باعث بنے۔

ان دو اُمور کا لحاظ رکھتے ہوئے اسٹوری کو اگر ہم دیکھیں تو وہ کوئی سیاسی فیصلہ بھی ہوسکتا جس میں کوئی سیاسی جماعت محلہ دواخانے کے فروغ کی بات کرے یا محلہ دواخانے کو اپنے انتخابی منشور کا حصہ بنائے۔

معیار میں بہتری:

تحقیق سے یہ بات سامنے آتی ہے کہ ہیلتھ جرنلزم کی عملی تصویر کوئی بہت اُمید افزاء نہیں ہے۔ میڈیا میں ہیلتھ کے کوریج میں سائنٹفک بنیادوں پر شواہد نہیں ہوتے ہیں (بحوالہ (Cooper & al 2012 669)(Wilsan & al 2009

Healthnews Review.org ویب سائٹ کے مطابق ایک اچھی ہیلتھ اسٹوری میں درج ذیل نکات شامل ہونے چاہیے۔

☆ اسٹوری میں علاج کے اخراجات کا ذکر ہونا چاہیے۔

☆ موضوع سے متعلق فوائد یا مثبت پہلو کا ذکر ہونا چاہیے۔

☆ نقصان کے خدشات یا شواہد ہونے چاہیے۔

☆ بیماری کے متعلق غلط معلومات یا شواہد ہونے چاہیے۔

☆ آزاد ذرائع پر انحصار کرنا چاہیے اور اسٹوری میں کسی کے مفادات مخفی تو نہیں یہ بھی جانچنا چاہیے۔

☆ نئے طریقے کار پر بات کرنی ہے تو متبادلات پر بھی معلومات ہونی چاہیے۔

☆ علاج یا ادویہ کہاں دستیاب ہے یا حاصل کرنے کا طریقہ کیا ہے وہ بھی بتلایا جانا چاہیے۔

☆ کونسا طریقہ کار اپنایا گیا وہ بھی بالکل واضح ہونا چاہیے۔

☆ خبر کے اپنے ذرائع کا استعمال کرنا چاہیے۔
صرف پریس ریلیز پر انحصار نہیں ہونا چاہیے۔

(بحوالہ HealthjournalismReview.org)

تحقیق اور سفارشات کے باوجود صحافیوں کو صحافت برائے صحت کو بہتر بنانے کے لیے مزید کام کرنا چاہیے۔ HealthJournalismReview.org کے بانی Garg Schwitzer نے اپنی ویب سائیٹ کی جانب سے (1889) آرٹیکلس کا تجزیہ کیا تو معلوم ہوا کہ زیادہ تر نیوز اسٹوریز اُن کے سفارش کردہ دس نکات میں سے زیادہ سے زیادہ پانچ نکات کے شرائط کو ہی پورا کر رہے تھے (بحوالہ Schwitzer 2014)

اب سوال یہ اُٹھتا ہے کہ 1990ء سے ہیلتھ رپورٹنگ کے معیار کو بہتر بنانے کے لیے کوششیں جاری ہیں تو ہیلتھ رپورٹنگ کرنے والے صحافی ناکام کیوں ہورہے ہیں۔

بھروسہ:

صحافیوں کو اُن کے ای میل باکس میں کئی ای میل موصول ہوتے ہیں ایک تحقیقی ادارے کی جانب سے مطلع کیا جاتا ہے کہ اُنہوں نے اپنی تحقیق سے قابل لحاظ کامیابی حاصل کی ہے۔ اب صحافی اسبات کا جائزہ لیتا ہے کہ کیا یہ اطلاع خبر کے طور پر بنائی جاسکتی ہے یا نہیں اور اس طرح کا فیصلہ ایک صحافی کو چند لمحوں میں کرنا ہوتا ہے کہ وہ اس ای میل کی اطلاع پر خبر بنائے گا یا نہیں۔ ایک صحافی اس طرح کے صورتحال سے ہر دن اور ایک دن میں کئی بار گزرتا ہے۔

کسی تحقیق یا رپورٹ کو شائع کرنے سے پہلے اس کا تجزیہ کرنا اُس کے معیار کو جانچنا کون سے طریقے تحقیق سے کام لیا گیا Sample نمونہ کتنا بڑا تھا شواہد کتنے مضبوط تھے، نتائج کتنے اہم ہیں۔ بدقسمتی سے سائنسی معلومات کی کمی سائنس کی خبروں کے کوریج کے دوران سب سے بڑا مسئلہ ثابت ہوتی ہے۔ (بحوالہ: Schwitzer 2010; Ashe 23, 2013)

''صحافیوں کو خاص طور پر اس لیے تنقید کا نشانہ بنایا جاتا ہے اُنہوں نے شواہد کے معیار کو نظر انداز کردیا۔ (Schwitzer 2010)

Behind the Headlines ویب سائیٹ کے بانی پروفیسر Sir Muir Grey کے خیال میں برطانیہ میں صحت کے حوالے سے سرگرم عمل رپورٹرس ہیلتھ رپورٹنگ بڑی حد تک ذمہ داری کے ساتھ سرانجام دیتے ہیں۔ البتہ بعض مرتبہ دیگر رپورٹرس بھی صحت کے موضوع پر رپورٹنگ کرلیتے ہیں جن کو اس فیلڈ میں کام کا تجزیہ نہیں رہتا ان کے علاوہ رپورٹرس

کو سرخیوں سے سنوارنے کا کام بھی ایسے سب ایڈیٹر میں انجام دیتے جنہیں سائنس کے مضمون میں کام کا تجزیہ یا مہارت نہیں ہوتی ہے۔

سائنس کے الگ الگ شاخوں کا مسئلہ:

انگریزی لفظ News کے ساتھ اصل مسئلہ شروع ہوتا ہے۔ حالانکہ نیوز سے مراد نئی اطلاع ہوتا ہے لیکن سائنس کے پس منظر میں نئی اطلاع ایک وارننگ ہوتی ہے اگر کوئی چیز غیر متوقع ہو تو بہت ممکن ہے غلط بھی ہو۔ بحوالہ (Bower 2011, 158)

میڈیا اور سائنس ایک ہی اُصول پر کام نہیں کرتے ہیں۔ اس وجہ سے بعض اوقات سائنس داں سائنس جرنلزم سے ناراض رہتے (Olive 2003) کے مطابق یہ رجحان "Two cultures explanation" ہے اگر کوئی چیز سائنسی نقطہ نظر سے اہمیت رکھتی ہے تو اس کا مطلب یہ نہیں ہے اُس کی صحافت کے حوالے سے بھی اہمیت ہو۔

سائنس اور صحافت میں ایک اور کشمکش صحافتی انداز تحریر و پیش کش ہے۔ جہاں سائنس داں عین ہو بہو لکھنا چاہتے ہیں وہیں صحافی کی ترجیح ہوتی ہے کہ وہ دلچسپ، جامع اور پر لطف انداز اپنائے۔ کئی صحافی حضرات سمجھتے ہیں اُنہیں اپنے سامعین پر غیر ضروری تفصیلات کا بوجھ نہیں ڈالنا چاہیے۔ (بحوالہ: Warmer 182 2011)

جب ایک پیچیدہ سائنسی بحث کو صرف دو جملوں میں بیان کر دیا جائے تو ضروری نہیں ہے کہ یہ اُن لوگوں کو بھی پسند آئے جو پوری تفصیلات سے واقف ہیں۔ جیسا کہ صحت کی رپورٹنگ پر بحث کرتے ہوئے Lafountain 2004 نے کہا تھا کہ ''بہت زیادہ تیکنیکی معلومات زیادہ لوگوں کو سمجھ میں نہیں آتی حالانکہ ایسی معلومات خطرات سے آگہی کے لیے

بڑی اہم ہوتی ہے۔(بحوالہ Lafountain 2004, 50)

سائنس کی رپورٹنگ کے دوران اکثر مسائل صحافتی طریقہ کار کے سبب جنم لیتے ہیں۔جس میں تحریر میں ڈرامائی انداز اختیار کرنا اور کسی اسٹوری کو متوازن بنانے کی کوشش کرنا مثال کے طور پر بعض ہیلتھ اسٹوریز کو اس انداز میں پیش کیا جانا جیسا کہ دو متحارب گروپس کے درمیان لڑائی چل رہی ہے۔(Warmer 183, 2011) یا پھر اسٹوری میں توازن پیدا کرنے کے لیے ایک ہی موضوع کے دو نکات مساویانہ اہمیت کے ساتھ لکھنا یا وقت دینا (Boyce 2006)

اس انداز کو اپنانے سے ایک جھوٹا توازن پیدا ہو جاتا ہے۔یعنی ایسی صورتحال پید اہو جاتی ہے جس میں دو مخالف نقطہ نظر کو مساوی اہمیت دی جانے سے اصل موضوع پر متضاد خیال اُبھر کر سامنے آتا ہے حالانکہ اصل موضوع پر محققین کا اتفاق ہوتا ہے۔(Murcott & Williams 2013 156-157)

شواہد کی بنیاد پر کی جانے والی رپورٹنگ:

صحافت برائے صحت پر کی جانے والی تحقیق کا انداز کار سائنسی رہا ہے اور اس طرح سے تجزیہ کرنا بھی ایک مسئلہ رہا ہے" کیونکہ صحافی سائنس دانوں اور حکومت کے ترجمان نہیں ہیں اس کے بجائے سائنس جرنلزم میں سائنسی طور پر آگاہ مباحثہ اور پالیسیوں پر تبصرے ہونے چاہیے(Ashe 2013-22) اس کے علاوہ انتظامیہ اور محققین کو وسائل کے استعمال پر جوابدہ بنایا جانا چاہیے(Warmer 175, 2011) دوسری بات یہ ہے کہ صحافت کو صرف شواہد کی بنیاد پر ہی نہیں جانچا جانا چاہیے بلکہ ایسی صحافت کیا اثرات مرتب کرتی ہے وہ بھی دیکھا

جانا چاہیے۔

ایک اسٹوری مکمل طور پر اکیڈیمک اسٹائیل میں لکھی جاسکتی ہے لیکن ایسی اسٹوری عوام تک ترسیل کا کام نہیں کر سکے تو بے معنی ہے صحافت برائے صحت پر کی گئی تحقیق سے یہ بات بھی سامنے آئی ہے اور ثابت ہوئی ہے کہ میڈیا کے ذریعہ معلومات کی سہل انداز میں ترسیل ممکن ہے جس کی مدد سے لوگ اپنے برتاؤ میں تبدیلی لا سکتے ہیں۔ لیکن اصل سوال تو یہی ہے کہ لوگوں کو صحت کے متعلق رپورٹس پڑھنے اور دیکھنے کے لیے کیسے راغب کیا جائے اس کے بعد کا اہم سوال یہ ہوتا ہے کہ ہیلتھ کی جو رپورٹ لکھی گئی ہے اُس کو قارئین کیسے سمجھ پاتے ہیں۔

(Womer 2011) کے مطابق ''ایک اچھی تحقیق شواہداتی صحافت کی راہ ہموار کرسکتی ہے۔ لیکن اس کے لیے عوام تک اسٹوریز پہونچائی جانی چاہیے کیونکہ جتنے زیادہ لوگوں تک معلومات پہونچ پائے گی اُتنا ہی زیادہ عوامی فہم میں معلومات میں اضافہ ہوگا۔''

موجودہ میڈیا کے منظرنامے میں زیادہ سے زیادہ عوام تک ہیلتھ کے متعلق اسٹوریز پہونچائی جائیں اور لوگ جب سوشیل میڈیا ہو یا کوئی اور نیوز فیڈ جب دیکھیں تو اُنہیں اُن کے دفتر میں ہو یا بستر میں ایک کلک پر ہیلتھ کی اسٹوریز ملنا چاہیے اس طرح ہیلتھ اسٹوریز کی عوامی رسائی میں اضافہ سے ہی اُسکے اثرات کا حلقہ بڑھ سکتا ہے۔

میڈیا کا اعتبار کیا ہے؟

صحت کے موضوع پر معیاری پورٹنگ سے مراد ایسی رپورٹس ہیں جو قابل اعتبار ہو۔ جن پر بھروسہ کیا جاسکے قابل اعتبار رپورٹس ایسی رپورٹس ہوتی ہیں جس میں صحیح طور پر حقائق اور سائنسی معلومات کو پیش کیا جاتا ہے۔ لیکن درست رپورٹنگ قابل اعتبار رپورٹنگ کا پہلا

مرحلہ ہوتا ہے اصل سوال تو یہ ہے کہ رپورٹنگ کے دوران حقائق کو کس طرح چنا گیا اور اُن حقائق کو کیسے پیش کیا گیا۔ اس مسئلے کا ایک حل تو یہ ہوسکتا ہے۔ شواہداتی بنیادوں اور صحافت کے اُصول پر کاربند رہا جائے۔ دستیاب مواد اور تحقیق کی روشنی میں حقائق اور دلائل کو بروئے کار لایا جائے شواہد نہ صرف حقائق کی نشاندہی میں کام آنے چاہیے بلکہ ان کے ذریعہ غیر جانبدارانہ انداز میں معلومات کی پیش کشی بھی آسان ہونی چاہیے۔ (Sambrook 2012, 5, 39)

اس طرح با اعتبار رپورٹنگ کا مطلب خبریں ناظرین اور قارئین کو غیر جانبدارانہ انداز میں شواہد کی بنیاد پر پورے پس منظر کے ساتھ پیش کی جانی چاہیے جس کی مدد سے ناظرین اور قارئین اپنے طور پر مضمون اور موضوع کی اہمیت کو سمجھ سکیں۔ اس کے لیئے واضح اور درست اعداد و شمار کے ساتھ ترسیل ہونی چاہیے۔

ہیلتھ جرنلزم اور ناظرین سے تعلق:

ناظرین سے تعلق: حالانکہ طلبائے صحافت کو ناظرین سے بہتر طور پر جڑے رہنے کے لیے کہا جاتا ہے اور ترسیل کے دوران ناظرین کو خاص طور پر مدنظر رکھنے کو کہا جاتا ہے تاکہ ترسیل کے مطلوبہ نتائج برآمد ہوسکیں۔

ہیلتھ، جرنلزم کے طلباء کو بھی ترسیل کے دوران یہ بات ذہن نشین رکھنی چاہیے کہ یہ دو طرفہ تعلقات ہیں جو میڈیا ادارے اور اُسکے ناظرین کے درمیان مضبوط ہونے چاہیے اُصولی طور پر میڈیا ادارے کو اپنے ناظرین کی ضروریات کا علم ہونا چاہیے تاکہ وہ اپنی ترسیل کے ذریعہ اُن کی تکمیل کرسکیں۔

Parsely.com کے مطابق نیوز روم میں ناظرین کے ساتھ تعلقات کا اندازہ اس بات سے لگایا جاتا ہے کہ کس نیوز ایٹم یا خبر کے ساتھ ناظرین نے زیادہ دلچسپی دکھائی اور کس نیوز پر زیادہ تبصرے موصول ہوئے ہیں۔

خبروں کے تجزیے کے نئے نئے طریقہ کار نے صحافت کو بھی مسلسل متحرک کر رکھا ہے۔ جب میڈیا کے ادارے کسی خاص طرح کے مواد میں اپنے ناظرین کی دلچسپی دیکھتے ہیں تو وہ مواد نئے طرز کی شکل اختیار کر لیتا ہے۔ اور بتدریج اس طرح کا مواد اور موضوعات میڈیا کا ٹرینڈ بن جاتے ہیں۔(Shelter 2015, 19-20)

قارئین کو ایسے مضامین اور آرٹیکل پڑھنے کو دیئے جا رہے ہیں جو 500 الفاظ پر مشتمل ہوں اور 860 الفاظ سے زائد طویل نہ ہوں اس سے بڑے مضامین کو طباعت کے لیے اور سوشیل میڈیا پر شیئر کرنے کے لیے ناموزوں سمجھا جا رہا ہے اب سوال یہ ہے کہ کیا اس طرح سے مضامین اور نیوز آرٹیکل کو الفاظ کی قید میں رکھنے سے قارئین کو واقعتاً فائدہ ہو رہا ہے یا نہیں۔

چونکہ خبروں کی ترسیل کا اصل ماڈل سوشیل میڈیا بن گیا ہے ایسے میں ناظرین کی دلچسپی کو جانچنا کا پیمانے نیوز شیئرنگ (News sharing) بن گیا ہے۔

News Sharing کیا ہے؟

Sharing کے ذریعہ سے ہم ایک دوسرے سے جڑے رہنے کی انسانی ضرورت کی تکمیل کرتے ہیں۔ بقول Jonah Peretti لوگ تین وجوہات کی وجہ سے معلومات دوسروں کے ساتھ شیر کرتے ہیں۔

(1) معلومات اہم ہیں۔

(2) جس کو بھیجا گیا ہے اُن کے لیے جذباتی تحفہ ہے۔

(3) جس نے بھیجا ہے اُس کی شناخت/ پہچان میں اضافہ مقصود ہے یا کسی خاص طبقے کے ساتھ تعلق کو ظاہر کرنا ہے۔ بحوالہ (Kiing 2015, 62)

Vasantola 2015 کے مطابق لوگوں کے انفرادی خیالات ہوں یا فیچرس اور ایسی اسٹوریز لوگ زیادہ شیر کرتے ہیں جو صرف ایک ہی نقطہ نظر کو پیش کرتی ہے بہ نسبت ایسی اسٹوری کے جو دوطرفہ نقطہ نظر کو پیش کرتی ہوں۔

خبروں کو پڑھنے اور شیئر کرنے کے رجحان کا اطلاق ہیلتھ رپورٹس پر بھی ہوتا ہے۔ Kim 2015 کی اپنی ریسرچ میں لکھتے ہیں کہ صحت کی خبروں کے مطالعہ اور پھر لوگوں کے ساتھ Share کرنے کے معاملے میں قارئین ایسی خبروں کو ترجیح دیتے ہیں جس میں معلومات ہوں اس کے علاوہ اُنہوں نے یہ بات بھی نوٹ کی کہ ایسی خبروں کو شیر کرنے کے امکانات زیادہ ہیں جس کی سرخیوں میں یا ابتدائی سطروں میں مرض کی نشاندہی نہیں کی گئی ہو اور منفی حالات کا ذکر نہ ہو۔

Bednarek نے 2016ء کی تحقیق میں لکھا ہے فیس بک پر سب سے زیادہ جو خبریں شیر کی جاتی ہیں وہ منفی طرز کی ہوتی ہیں۔ طلبائے صحافت اس بات کو بھی ملحوظ رکھیں کہ خبروں کے اشتراک (Share) کرنے کا کوئی ایک مخصوص طریقہ یا نظریہ نہیں ہے۔ چونکہ خبروں کی ترسیل اور تحقیق کے میدان میں Sharing ایک پیمانہ ہے۔ اس لیے اس حوالے سے بھی ایک صحافی کو واقفیت رکھنا اور جاننا ضروری ہے مثال کے طور پر Bastos & Zago 2013 کی تحقیق میں بتلایا کہ فیس بک پر شیر کی جانے والی خبروں کی قسم Softnews کی ہے

اس کے مقابل ٹویٹر پر Hard news زیادہ شیر کی جاتی ہے۔

ناظرین کی پسند کا لحاظ رکھنا اور صحت مند صحافت:

عام طور پر یہ سمجھا جاتا ہے کہ جو صحافی اپنے قارئین کی پسند کا لحاظ رکھتے وہ لوگ صحافتی اُصولوں سے سمجھوتہ کر لیتے ہیں لیکن ہم نے اب تک یہی بات نوٹ کی کہ خبروں کی ترسیل کے دوران قارئین یا ناظرین کی پسند کا خیال رکھنا کسی طرح بھی صحافتی اُصولوں کے ساتھ سمجھوتہ کر لینا نہیں ہے۔ کیونکہ قارئین کی پسند کو ملحوظ رکھنا کسی طرح بھی صحافتی غیر جانبداریت سے ٹکراتا نہیں ہے کیونکہ صحافت کے اُصول الگ ہیں اور خبروں کی ترسیل کے دوران اُس کی زیادہ سے زیادہ لوگوں تک رسائی کو یقینی بنانا بالفاظ دیگر Sharing کو مدنظر رکھنا الگ ہے۔ دونوں باتیں ایکدوسرے سے نہ تو ٹکراتی ہیں اور نہ ہی متضاد ہیں۔

یہ سچ ہے کہ کسی خبر کی وہ خصوصیات جو اُسکو قارئین کے درمیان زیادہ شیر کرنے کے لیے آمادہ کرتی ہے اور وہ خصوصیات جو ایک اچھی صحافت کی پہچان ہیں دونوں الگ الگ ہیں اس طرح کسی خبر کا با اعتبار ہونا اس کے زیادہ سے زیادہ شیر ہونے کے امکانات کو کم نہیں کرتی ہے۔

صحت کے بارے میں رپورٹنگ کو کس طرح سیاق وسباق کے ساتھ جوڑا جا سکتا ہے؟

یہ بات ہم سب جانتے ہیں ، انڈے کھانے سے خون گاڑھا ہوتا ہے ایسی کوئی رپورٹ سامنے آتی ہے۔ پھر ایک دوسری رپورٹ آتی ہے کہ انڈے کھانا صحت کے لیے مفید ہے۔

ایک خبر آتی ہے کافی کا استعمال صحت کے لیے سود مند ہے۔ دوسری طرف کہیں خبر آتی ہے کہ کافی کا زیادہ استعمال صحت کے نقصان دہ ہے۔

صحافت برائے صحت			مصنف: محمد مصطفیٰ علی سروری

لیکن ہیلتھ رپورٹنگ میں اس طرح کے مسائل کا ایک تریاق موجود ہے۔ اور وہ یہ طریقہ ہے جس میں خبر کو اُس کو مکمل سیاق وسباق کے ساتھ لکھنا اور پیش کرنا صحافت کے میدان میں سرگرم عمل سبھی صحافی اس بات پر اتفاق کرتے ہیں کہ ایک اچھی ہیلتھ رپورٹ کی پہچان یہ ہوتی ہے کہ وہ موضوع کو اُس کے سیاق کے ساتھ پیش کرتی ہے۔ ہیلتھ رپورٹنگ ایک وسیع تر تصویر پیش کرتی ہے جس کی مدد سے قاری اصل موضوع کو بآسانی سمجھ سکتا ہے۔

واشنگٹن پوسٹ میں فرانسس Seller(Frances) لکھتے ہیں مکمل سیاق اور سباق کے ساتھ رپورٹنگ کے دوران کس نے کیا کہا ہے یا کیا تحقیق کی گئی نہ صرف یہ چیزیں پیش کی جاتی ہیں بلکہ اس کے علاوہ موضوع کی شواہد کی بنیادوں پر تجزیہ بھی کیا جاتا ہے۔ اس میں نہ صرف سابق میں کی گئی تحقیق کا حوالہ ہوتا ہے بلکہ آزادانہ ماہرین کی مدد سے رپورٹ کو اس قدر آسان بنایا جاتا ہے جس سے کہ عام قاری بھی آسانی سے سمجھ سکے۔ اس کے علاوہ اچھی ہیلتھ رپورٹنگ کی خصوصیت یہ بھی ہوتی ہے۔ موضوع کا قاری کی زندگی پر کیا اثر پڑنے والا ہے اور بحیثیت مجموعی سماج کس طرح متاثر ہوگا ان سبھی زاویوں کا احاطہ کیا جاتا ہے۔

ہیلتھ رپورٹنگ کے لیے اس طرح سے لکھنے کے لیے صحافیوں کو کئی ایک صحافتی اُصولوں اور طریقہ کار کا دوبارہ تجزیہ کرنا ضروری ہے۔ عام طور پر خبر نگاری کے دوران ڈرامائی انداز، آسان ترسیل اور غیر جانبداری کے ساتھ ساتھ تمام نقطہ نظر کو مساویانہ اہمیت دینا ضروری ہے۔

اچھی ہیلتھ رپورٹنگ کے لیے کئی ایک صحافتی اُصولوں کو مشترکہ طور پر بروئے کار لانا پڑتا ہے۔ اول تو تحقیق دوسرے اچھی طرح کا بیانیہ اس طرح لکھنا چاہیے کہ شواہد اور مشاہدات کی بنیاد پر رپورٹ لکھی جائے۔

Heini Maksimainen نے نامور ہیلتھ جرنلسٹ کے ساتھ باضابطہ انٹرویز کرنے کے بعد ہیلتھ رپورٹنگ کے طریقہ کار کے بارے میں درج ذیل اُمور کو واضح کیا ہے۔

(1) موضوع کا انتخاب: صحافت برائے صحت کی پریکٹس کرنے والے سبھی صحافی اسبات پر اتفاق کرتے ہیں کہ طبی تحقیق پر رپورٹنگ ایک مشکل کام ہے کیونکہ صحافی حضرات یہ سمجھتے ہیں کہ ایک اسٹڈی پر کوریج کرنا موضوع کو غیر ضروری اہمیت اور نمایاں کرنا ہے۔ اور سائینس کے ایسے پس منظر میں جہاں ہر روز کوئی نہ کوئی نیا زاویہ سامنے آتا ہے۔ کسی بھی موضوع کو اُس وقت تک اہمیت نہ دی جائے جب تک عوام اور ناظرین اُس میں دلچسپی نہ لیں اور کہیں ایسا نہ ہو جائے کہ ہیلتھ اور سائنس کی رپورٹنگ کے دوران کوئی اہم خبر بریکنگ نیوز چھوٹ نہ جائے۔

کئی صحافیوں کا کہنا تھا کہ اُن کے اداروں کی جانب سے اب سائنسی جرنل سے ملنے والے رپورٹس اور معلومات کو نظر انداز کرنے کی پالیسی اپنائی جارہی ہے اس کے بجائے صحافتی ادارے بریکنگ نیوز دینا چاہتے ہیں عوام جن موضوعات میں دلچسپی لے رہے ہیں اُن پر بات کی جائے سیاسی مباحثوں سے اخذ کردہ موضوعات پر کوریج دیا جائے لوگوں کی روزمرہ زندگی کے مسائل پر قلم اٹھایا جائے ٹویٹر پر چلنے والے ٹرینڈز پر بات کی جائے اس صورتحال کے باوجود صحافتی ادارے نئی طبی تحقیق پر کوریج کررہے ہیں مگر اُس وقت جب طبی تحقیق غیر معمولی اہمیت کی ہو۔ اور اتنی بڑی خبر بن گئی کہ اُس کو نظر انداز نہیں کیا جاسکتا۔

غرض صحافت برائے صحت کے صحافیوں کا سب سے بڑا اور بنیادی چیالنج موضوع کا انتخاب ہے۔ سائنسی میدان میں کی جانے والی اہم تحقیق پر خبر لکھی جائے یا عوام میں زیر بحث موضوع پر قلم اٹھایا جائے اس طرح کی کشمکش کا صحافیوں کو آئے دن سامنا کرنا پڑتا ہے۔

(2) لوگوں کی غلط فہمیوں کا ازالہ کرنا: عزیز طالب علموں جب کسی صحت کے موضوع پر لکھے گئے مشہور زمانہ بلاگ کو بھی ملاحظہ کریں تو آپ چند منٹوں میں مشکوک مواد کی نشاندہی کر سکتے ہیں کوئی بلاگر (Detox drinks) کی سفارش کر رہا ہے تو کوئی Enzymes کے معجزاتی فوائد کی بات کر رہا ہے۔

صحافی حضرات کی تحریریں لوگوں کی غلط فہمیوں کا ازالہ کر سکتے ہیں۔لیکن بطور صحافی آپ لکھتے جائیں تو اس طرح کے غیر معروف بلاگ کی نامعقول باتوں پر توجہ نہ دیں انٹرنیٹ کے غیر سائنسی دعوؤں پر بھی لکھنا ضروری نہیں ہے کیونکہ یہ وقت کا ضیاع ہے۔طب کے میدان میں کی جانے والی غیر پیشہ وارانہ یا ایسی ریسرچ جو سائنسی خطوط پر استوار نہ ہوں اُس کو بھی نظر انداز کر دینا بہتر ہے۔ہاں یہ بات بھی سچ ہے کہ جب اس طرح کی کوئی غیر سائنسی بات یا موضوع بہت زیادہ بڑا ہو جائے عوامی موضوع کا بحث بن جائے تو اُس صورت میں ہیلتھ جرنلسٹ کو کام کرنا لازمی ہو جاتا ہے۔کیونکہ جب عوام کسی ایسے غیر سائنسی علاج یا دوا کے لیے کثیر رقم خرچ کرنے لگتے ہیں یا دھوکہ کھاتے ہیں تو تب صحافیوں کی ہی یہ ذمہ داری بنتی ہے کہ وہ آگے آکر عوام کی صحیح رہنمائی اور رہبری کریں۔

Andrew Jack فینانشیل ٹائمز کے صحافی ہیں اُن کے مطابق اگر کسی تحقیق کے نتائج غیر معمولی نہیں ہیں تو ہم صحافیوں کو پہلے مرحلے میں اسکو نظر انداز کر دینا چاہیے لیکن جب وہی تحقیق ایک بڑے سیاسی مباحثہ میں بدل جائے اور جب حکومت ایک غیر معیاری سائنسی تحقیق کو بنیاد بنا کر کوئی فیصلہ لے تو اُس وقت صحافیوں کی ذمہ داری ہے کہ وہ اُس موضوع پر قلم اٹھائے اور رپورٹ کرے۔

Huffpost کی ہیلتھ اینڈ سائنس کی اگزیکیٹو ایڈیٹر Meredith Melnick

کہتی ہیں کہ اگرچہ یہ تھوڑا سا عجیب ہے لیکن میں اپنی ٹیم کے ساتھ ایسے غلط مشوروں کو آشکار کرتی ہوں جو مشہور عوامی شخصیات کی جانب سے دیئے جاتے ہیں۔ اُنہوں نے اس طرح کے کام کو Debunking bad celebrity Health Advice قرار دیا۔

Melnick کا اشارہ Angelina Jolie effect کی طرف تھا۔ Time میگزین نے Engilina Jolie Effect کی اصطلاح وضع کرتے ہوئے کہا کہ انجیلینا جولی کے مشوروں سے متاثر ہو کر لوگوں کی بڑی تعداد نے انٹرنیٹ پر پستان کے کینسر کی جنیات اور کونسلنگ کو سرچ کرنا شروع کر دیا تھا۔ جو اس بات کا ثبوت ہیں کہ مشہور عوامی شخصیات کی جانب سے عام عوام کو دی جانے والی سوچ وفکر کو متاثر کرتے ہیں کہ انجیلینا جولی کے مشورے کے بعد لوگوں میں پستان کے سرطان کو لیکر آگاہی میں اضافہ ہو گیا تھا۔ ہالی ووڈ کی مشہور زمانہ ایکٹریس انجیلینا جولی نے نیویارک ٹائمز کے لیے لکھے گئے اپنے اوپڈ پیج آرٹیکل میں انکشاف کیا پستان کے کینسر سے محفوظ رہنے کے لیے انہوں Mastectomy کا طریقہ اختیار کیا حالانکہ اُنہیں ایک ٹسٹ میں صرف یہ بتلایا گیا تھا کہ وہ کینسر سے متاثر ہو سکتی ہیں۔ لیکن انہوں نے صرف خدشہ کے تحت double mastectomy آپریشن کروا کر باضابطہ طور پر میڈیا میں اس کا انکشاف کیا۔ (14 رمئی 2013ء بحوالہ نیویارک ٹائمز)

انجیلینا جولی کے اس انکشاف کے بعد خواتین کی جانب سے پستان کے کینسر کی جانچ (Cancergene) میں اضافہ ریکارڈ کیا گیا (بحولہ: Kinietowicz 2016) یعنی خواتین میں پستان کے کینسر پر آگاہی میں اضافہ ہوا یا نہیں یہ تو نہیں معلوم مگر جین ٹسٹ (Gene Test) کرنے والی کمپنیوں کو فائدہ تو ضرور رہوا۔

طلبائے صحافت اس بات کو بھی مدنظر رکھیں کہ بسا اوقات غیر مصدقہ اطلاع یا خبروں

کو بڑھا چڑھا کر پیش کرنے کا کام غیر سنجیدہ اخبارات (Tabloid) کر دیتے ہیں۔ جس کی وجہ سے سنجیدہ اخبارات اور صحافیوں کو جھنجھلاہٹ ہوتی ہے۔

Richard Warry بی بی سی نیوز ویب سائیٹ کے اسسٹنٹ ایڈیٹر ہیں اُن کے مطابق ''عام طور پر دیکھا گیا ہے کہ ایسی خبریں جو تیکنیکی طور پر درست نہیں ہیں لیکن ان کو بڑھا چڑھا کر پیش کیا گیا ہے تو یہ ہم صحافیوں کی ہی ذمہ داری ہے کہ ایسی اطلاعات اور خبروں کی تصحیح اور درست کرنے کے اقدامات کریں۔''

Buzz feed Kelly Oakes برطانیہ کے سائنس ایڈیٹر میں اُن کے مطابق غلط اطلاعات کی تصحیح کرنا نہ صرف ہماری ذمہ دار ہے بلکہ اس کام کے ذریعہ ہم اپنے قارئین کی توجہ حاصل کر سکتے ہیں۔ چونکہ لوگ پہلے ہی موضوع پر بات کرتے ہوتے ہیں اور جب اُس موضوع پر بالکل نئے زاویہ سے صحیح بات کہی جائے تو لوگ اس مکالمہ کا جلد حصہ بن سکتے ہیں۔

وہ کہتے ہیں کہ جب کوئی یہ بات نوٹ کرتا ہے کہ اُسکے دوست احباب ایک غیر مصدقہ نیوز شیر کر رہے ہیں اور جب ہم اُس خبر کی تصحیح کرتے ہیں تو اس سے ہمارے دوست تصدیق شدہ خبر دوبارہ اپنے دوستوں کو بھیجنا چاہے گا۔

اپنے ماخذ اور ماہرین کا انتخاب:

صحافیوں کو اکثر ایسی مثالیں دیکھنے کو ملتی ہیں جس میں سائنس کے موضوعات کے ساتھ ناانصافی کی جاتی ہے اس پس منظر میں صحافیوں کی یہ بنیادی ذمہ داری بن جاتی ہے کہ وہ اپنی خبروں کے لیے صحیح ماخذ اور موزوں ماہرین کا انتخاب کریں۔

حالانکہ میڈیکل فیلڈ سے متعلق غیر معمولی تحقیق کا کام ہو رہا ہے لیکن اگر ہم ہیلتھ

رپورٹنگ اور سائنس کی رپورٹنگ کا مطالعہ کرتے ہیں تو پتہ چلتا ہے کہ یہ سطحی نوعیت کی اور یا بالکل غیر اہم موضوعات پر مبنی ہے۔

ہیلتھ رپورٹنگ کی فیلڈ میں عرصہ دراز سے سرگرم عمل صحافی اس بات پر اتفاق کرتے ہیں کہ صحافت برائے صحت کے ورکنگ جرنلسٹ کو چاہیے کہ خاص طور پر اپنے ماخذ اور ماہرین کا سوچ وفکر کے بعد انتخاب کریں کسی بھی سائنسی تحقیقی مقالے اور میگزین کا بڑی ذمہ داری کے ساتھ انتخاب کریں اور اس پر بات کرنے کے لیے غیر جانبدار اور مستند ماہرین سے رجوع ہوں۔

Larsen & Vonins 2010, 29 کے مطابق سبھی صحافیوں نے اس ضرورت پر زور دیا کہ طبی رسالے کا اُسی وقت استعمال کریں جب وہ مستند و معیاری ہو یہ صرف شروعات کا طریقہ ہے سال 2010ء کے دوران تقریباً 24 ہزار جرائد کو معیاری جرائد کی فہرست میں شامل کیا گیا تھا۔ ہیرے کی پہچان جوہری کے لیے کوئی مشکل کام نہیں ایسے ہی صحافی کے لیے معیاری اور سنجیدہ میڈیکل جرنل کا انتخاب بھی کوئی بڑی مشکل کی بات نہیں ہے۔ امریکہ اور یوروپ کے صحافی زیادہ تر ایسی طبی جریدوں کی رپورٹس کو استعمال کرتے ہیں۔ جو بہت معروف اور باوقار ہوں اور جنہیں High Impactacademic جرنلس میں شمار کیا جاتا ہے مثال کے طور پر Science،Nature، The Lancet Jama and The BMJ۔

بعض صحافی غیر معروف ماخذوں سے بھی معلومات کو اخذ کرتے ہیں پھر اُس پر ماہرین کی رائے لیتے ہیں ان ماخذوں کو لکھنے والے حضرات کی تعلیمی قابلیت اور مہارت کا بھی جائزہ لیتے ہیں۔

ایک اچھے صحافی کی یہ پہنچان ہے کہ وہ کسی بھی تحقیق کی بنیاد پر رپورٹ لکھنے سے

پہلے تحقیق کے طریقہ کار کا بھی بغور جائزہ لیتے ہیں تحقیق کا دائرہ کتنا بڑا تھا اُس کا بھی تجزیہ کیا جاتا ہے۔ تحقیق پر پیسے فنڈس (سرمایہ) کس نے لگایا اُس کو بھی مدنظر رکھنا صحافی کی ذمہ داری ہے بعض صحافیوں کا کہنا ہے کہ کئی ایک غیر معیاری تحقیقی مطالعات کے لیئے فنڈنگ فوڈ انڈسٹری سے کی گئی تھی۔

Vox Julia Bellux کے سینئر ہیلتھ رپورٹر ہیں کے مطابق ہم جانتے ہیں کہ کئی شعبوں جیسے نیوٹریشن کے موضوع پر تحقیق کے لیے فوڈ کمپنیاں مالیہ فراہم کرتی ہیں تا کہ مخصوص قسم کے مخصوص نتائج حاصل کیے جاسکیں تا کہ مخصوص کمپنیوں کو فائدہ پہونچے۔

Andrew Jack فینانشیل ٹائمز میں آن لائین مواد کے شعبہ میں ذمہ دار ہیں۔ وہ لکھتے ہیں کہ:

"کسی بھی نئی تحقیق کو میں اُس سے متعلقہ مواد کے پس منظر میں جانچنے کی کوشش کرتا ہوں کیا مذکورہ تحقیق کسی تحقیق کا تسلسل ہے یا بالکل نئی ہے اور اُس مضمون میں بالکل نئی ہے۔ کیا اس موضوع پر کوئی آزادانہ نقطہ نظر مل سکتا ہے وغیرہ۔

بھروسہ مند ماہرین کی تلاش:

جب صحافت برائے صحت میں کا گزار صحافیوں سے پوچھا جاتا ہے کہ وہ کسی موضوع پر ماہرین کی تلاش کا کام کیسے کرتے ہیں تو اُن لوگوں کا جواب ہوتا ہے میں پہلے تو اپنی معلومات کو چیک کرتا ہوں اور پھر میرے تعلقات اور جان پہنچان والے حلقوں میں کون اس موضوع پر بات کرنے کی اہلیت رکھتا ہے اُن کو ڈھونڈتا ہوں اس طرح سے اکثر صحافیوں کو کس ماہر سے بات کرنا ہے اس کا اندازہ رہتا ہے۔

طلبائے صحافت کے لیے یہاں پر جو چیز نوٹ کی جانی ہے وہ یہ کہ اُنہیں تعلقات عامہ اچھے بنانے ہونگے یعنی زیادہ سے زیادہ لوگوں سے ان کی جان پہچان ہو اور لوگ اُنہیں جانتے ہوں اب اس طرح سے تعلقات بنانے کا فائدہ فیلڈ میں ہوتا ہے کہ وہ حسب ضرورت ان اصحاب سے رابطہ کر سکتے ہیں۔

Richard Warry بی بی سی نیوز ویب سائیٹ کے اسسٹنٹ ایڈیٹرس انہوں نے لکھا ہے کہ ہم کئی ایک ماہرین سے بات کرتے ہیں اور یہ ماہرین ہر شعبہ سے تعلق رکھتے ہیں۔ہمیں پتہ ہوتا ہے کہ کس موضوع پر کس ماہر سے رائے لینا موزوں ہے۔

اب ماہرین کون ہو سکتے ہیں۔اُس کے متعلق صحت برائے صحت کے سینئر حضرات کہتے ہیں اُن کا اکیڈیمک کیریئر غیر معمولی ہونا چاہیے اور اُن کا موضوع سے تجارتی اور ذاتی مفاد جڑا ہوا نہیں ہونا چاہیے کیونکہ ایسی صورت میں اُن کی غیر جانبداریت متاثر ہو سکتی ہے۔

برطانیہ چونکہ ایک ترقی یافتہ ملک ہے اور وہاں پر سائنس کی تحقیق اور ترقی کا کام کئی دہائیوں سے چلا آ رہا ہے تو وہاں پر ہاوز آف لارڈز اور ٹیکنالوجی سلیکٹ کمیٹی نے سائنس پر عوامی اعتماد کا احیاء کرنے کے لیے سال 2002ء میں The Science Media کا قیام عمل میں لایا گیا تھا اس ادارے کی پالیسی یہ بیان کی گئی کہ؛

"The Media will do Science better when scientists do the media better"

اس ادارے کے قیام کا مقصد عوام اور پالیسی بنانے والوں کے لیے درست شواہد کی بنیادوں پر سائنسی اور انجینئرنگ کی معلومات میڈیا کے ذریعہ پہونچائی جا سکے خاص طور پر متنازعہ موضوعات اور اُن خبروں کے متعلق جو سرخیوں میں ہوں اور جس کے متعلق لوگوں میں

غلط فہمیاں اور غلط معلومات زیادہ ہوں۔

برطانیہ کے علاوہ آسٹریلیا، نیوزی لینڈ، جرمنی اور کنیڈا میں بھی SMC کام کر رہا ہے اور اس ادارے کے ذریعہ ہیلتھ جرنلزم کی پریکٹس کرنے والے صحافی ماہرین تک رسائی حاصل کر سکتے ہیں۔ اس کے علاوہ SMC خود بھی حالات حاضرہ سے جڑے سب سے زیادہ موضوع بحث موضوعات پر اپنی جانب سے ماہرین کی پریس کانفرنس منعقد کر کے میڈیا کے ذریعہ درست معلومات عوام تک پہونچانے کا کام کرتی ہے۔

سائنس میڈیا سنٹر SMC کے اعلیٰ اہلکار Ficna leth bibye کے مطابق ''جیسا ہم لوگ جہد کاروں اور سیاست دانوں کی بات سنتے ہیں اسی طرح سے ہمیں سائنس دانوں کی بات سننی چاہیے جو چیزوں کو شواہد اور ثبوتوں کی بنیادوں پر دیکھتے اور پرکھتے ہیں نہ کے نظریاتی طور پر۔

صحافیوں کے لیے SMC کے اہلکار کا مشورہ ہے کہ قارئین کی سہولت کے لیے ضروری ہے کہ وہ ماہرین اور مبصرین کے درمیان فرق کو سمجھیں اور اسبات کا خیال رکھیں کہ صحافت کے توسط سے عوام تک کیا پیغام پہونچ رہا ہے۔

SMC ایک رجسٹرڈ خیراتی ادارہ ہے اس بین الاقوامی ادارے کا صدر دفتر لندن برطانیہ میں ہے۔

SMC نے ہیلتھ رپورٹنگ اور سائنس کی رپورٹنگ کے 10 بہترین اور عملی مشورے صحافیوں کے لیے تیار کیے ہیں۔

طلبائے صحافت کے لیے ان کو ذیل میں درج کی جا رہا ہے:

ان مشوروں کو سائنس دانوں، سائنس رپورٹرس، ایڈیٹرس، سب ایڈیٹرس کے

مشوروں سے تیار کیا گیا ہے۔ جن کا مقصد سائنس اور صحت کی رپورٹنگ کو معیاری اور متوازن بنایا جا سکے۔

(1) اپنی معلومات کا ماخذ تحریر کریں۔ آپ نے انٹرویو لیا ہے پریس کانفرنس میں شرکت کی کسی تحقیقی رسالے کے مضمون کو بنیاد بنایا ہے کسی خیراتی یا تجارتی ادارے کا سروے ہے وغیرہ قارئین کو اُصولی طور پر اتنی معلومات فراہم کی جانی چاہیے اور اگر ممکن ہو تو وہ لنک (انٹرنیٹ کا پتہ) بھی دیا جانا چاہیے جہاں سے وہ مزید تفصیلات یا تصدیق کر سکیں۔

(2) تحقیق کی صورت میں یہ بتلانا ضروری ہے کہ یہ کس قدر بڑی اور وسیع ہے مثلاً کون اور کیا موضوعات تھے کتنے عرصے تک جاری رہی۔ کس چیز کی جانچ کی گئی یا یہ صرف مشاہدہ تھا۔ اور جگہ ہو تو اس تحقیق اور مطالعہ کے Limitations کیا تھے وہ بھی لکھے جانا چاہیے۔

(3) جب کسی دو چیزوں کے درمیان تعلق کی بات رپورٹ کی جا رہی ہو تو اس بات کا اظہار ضروری کریں کہ شواہد موجود ہیں یا نہیں۔

(4) تحقیق کے حوالے سے لکھی جانے والی رپورٹ میں اس بات کا اظہار کیا جائے کہ تحقیق کس مرحلے پر ہے۔ مثلاً لیاب میں موجود Cell یا انسانوں پر کیے جانے والے تجربات یا کسی عملی وقت کی پابندی کے ساتھ یا نئے طریقہ علاج اور ٹیکنالوجی ہے۔

(5) صحت کو درپیش کیا خطرات ہیں لکھتے وقت حقیقی خطرات کے متعلق معلومات ہوں تو ضرور لکھیں چاہے وہ پریس ریلیز میں ہوں یا کسی تحقیقی مقالے میں مثلاً اگر یہ لکھا ہے کہ ''کپ کیک سے کینسر کا خطرہ دوگنا ہو جاتا ہے۔'' تو واضح انداز میں لکھیں کہ کینسر کا خطرہ کتنا ہے اور Cupcakes سے کتنا بڑھ سکتا ہے۔

(6) خاص طور پر عوامی صحت کو متاثر کرنے والے موضوعات پر لکھتے وقت پس منظر اور

صحافت برائے صحت مصنف: محمد مصطفیٰ علی سروری

شواہد کو ضرور واضح کریں مثلاً کیا یہ ریسرچ ایک پرانے مسئلہ کو دوبارہ تصدیق کرتی ہے یا پہلے کی ریسرچ سے متصادم ہے اگر چہ تحقیق سائنسی مسائل کو اُجاگر کرتی ہے تو ان کو نظر انداز نہیں کرنا چاہیے۔

(7) اگر جگہ اجازت دے تو دونوں نقطہ نظر سائنس دانوں کے نقطہ نظر اور دوسرے موزوں مبصرین کی رائے کو شامل رکھا جائے ایسے پریس ریلیز سے احتیاط برتی جائے جس میں مختلف دعویٰ پیش کیے گئے ہوں ایسے سائنس دانوں سے بھی محتاط رہا جائے۔

(8) نتائج اور تشریح کے درمیان فرق کو واضح کریں۔ مفروضات بھی الگ چیز ہے اُس کو ذہن نشین رکھیں۔ صحت کے متعلق مشورہ اُس وقت تک نہ دیں جب تک خود ماہرین نے نہ دیا ہو۔

(9) مریضوں کو ملحوظ رکھیں: کسی بھی چیز اور طریقہ کو علاج کا نام نہ دیں اگر وہ علاج نہ ہو تو۔

(10) کسی بھی بات کو بڑھا چڑھا کر پیش کرنے کے لیے سرخیوں میں کسی کے قول کو غلط انداز میں پیش نہ کریں۔

Akshat Rathi Quartz کے سینئر رپورٹر ہیں اُن کے الفاظ میں صحت کی رپورٹنگ کا مطلب یہ نہیں ہے کہ کس نے کیا کہا ہے یا کسی اکیڈیمک مضمون کا ترجمہ کر دینا بلکہ ہیلتھ رپورٹ کا مطلب موضوع کو پس منظر کے ساتھ بیان کرنا تاکہ تحقیق کس طرح سے عام آدمی کی زندگی کے روزمرہ کے مسائل کو حل کرنے کے لیے کام کر رہی ہے یہ بات سمجھ آسکے۔

France Sellers واشنگٹن پوسٹ کے لیے کام کرتی ہیں وہ کہتی ہیں کہ ایک مرتبہ اُنہوں نے مرض ایڈز کے علاج میں پیشرفت کے حوالے سے ایک اسٹوری کی تھی۔ ایک شخص جو مرض ایڈز کا سرے سے انکار کرتا ہے اُس نے نیوز روم کو شکایت کی اُس کے نقطۂ نظر کو

خبر میں بالکل بھی جگہ نہیں دی گئی ہے۔ایک نیوز ایڈیٹر نے Sellers سے پوچھا تو اُنھوں نے واضح کر دیا کہ اس طرح کے نقطہ نظر کو بالکل بھی جگہ نہیں دی جاسکتی ہے۔ ہاں البتہ ایک فیچر اس حوالے سے کیا جاسکتا ہے کہ آخر لوگ سائنسی شواہد کی موجودگی کے باوجود بھی اُس سے انکار کیوں کرتے ہیں۔ وہ کہتی ہیں کہ کئی ایک ایسے موضوعات ہیں جس پر عوام کی بڑی دلچسپ رائے ہوتی ہے یا اُن کے خیالات بڑے دلچسپ ہوتے ہیں۔لیکن ان آراء اور خیالات کی کوئی سائنسی توجہات نہیں ہوتی اس لیے ان کو خبر کے بجائے فیچر کے طور پر لکھا جاسکتا ہے۔ جس میں اس بات کا تجزیہ کیا جاسکتا ہے کہ آخر کیوں لوگوں کے خیالات سائنسی شواہد کے خلاف ہیں۔

طلبائے صحافت اس بات کو نوٹ کر سکتے ہیں کہ تحقیق کا کام جس قدر زیادہ ہوگا اُتنا ہی جھوٹے دعوؤں سے مقابلہ کرنا آسان ہوگا۔

بد قسمتی سے بعض موضوعات پر سائنسی شواہد کو نظر انداز کر دیا جاتا ہے یا وہ کم ہوتے ہیں بعض بیماریوں کی وجوہات نہیں معلوم ہوتی ہیں بعض موضوعات پر ماہرین نے ناکامی یا غیر تسلی بخش تحقیق کی اور بعض موضوعات پر انڈسٹری کی جانب سے بھاری سرمایا کاری جیسے مسائل بھی ہیں۔

ایسا ہی ایک موضوع تغذیہ (Nutrition) کا ہے اس موضوع پر کام کرنے کے لیے بہت سارا سرمایا انڈسٹری کی طرف سے مشغول کیا گیا۔اس کے اثرات کے بارے میں بھی بعض شواہد ملے ہیں۔ مصنوعی مٹھاس اور مٹھاس والے مشروبات کے متعلق کی گئی تحقیقات میں تو بعض جانبداری کے پہلو سامنے آتے ہیں۔(بحوالہ:Mozaffarain 2017)۔

باضابطہ طور پر کیے گئے تجزیوں میں جو فوڈ انڈسٹری کی جانب سے فراہم کردہ سرمایہ

سے کیے گئے ہیں اس طرح کے نتائج اخذ کیے گئے انسانی وزن میں اضافہ اور میٹھے مشروبات کے درمیان راست تعلق ہے حالانکہ اس طرح کے نتیجے کو اخذ کرنے کے لیے شواہد غیر تشفی بخش ہے۔(بحوالہ: Besrastrollo & al 2013)

صحافیوں کو مسائل اور خطرات سے پر موضوعات پر لکھنے کے کئی طریقوں کے بارے میں معلومات ہوتی ہیں اور طلبائے صحافت کو اس حوالے سے خاص ظور پر تربیت دی جاتی ہے سب سے پہلے تو ایک صحافی کو شواہد اور ثبوتوں کے فقدان کے بارے میں واقف ہونا چاہیے۔ جب وہ کسی موضوع پر لکھنا چاہتا ہو۔تو وہ اس بات سے بھی خود کو آگاہ رہے کہ کس موضوع پر لکھنے کے دوران غیر جانبداریت متاثر ہوسکتی ہے۔

اس طرح کی صورتحال میں صحافی کو اچھے سے ہوم ورک کرنے کی ضرورت ہے جس کے دوران اس کو سابق میں لکھے گئے مواد اور موضوع پر موجود تحقیق کو اچھی طرح پڑھ لینا چاہیے اُسکے بعد غیر جانبدار ماہرین سے آراء لینا ہوگا۔

ایک صحافی کی یہ ذمہ داری بھی ہے کہ وہ اپنے قاری کو بھی صورتحال سے مکمل طور پر آگاہ کرے۔ کیونکہ یہ قاری کا حق ہے کہ اُسے معلوم ہو کہ وہ مکمل معلومات کیوں حاصل نہیں کر رہا ہے اور خبر میں کونسی معلومات نہیں دی جاسکتی۔

Huffington پوسٹ کے ایگزیکیٹیو ایڈیٹر برائے صحت اور سائنس ایک مثال کے ذریعہ واضح کرتے ہیں وہ لکھتے ہیں کہ جب ای سگریٹ کو مقبولیت حاصل ہونے لگی تو اس کے متعلق بہت کم تحقیق ہوئی تھی اور کسی کو نہیں پتہ تھا کہ تمباکو کی دیگر مصنوعات کے مقابل ای سگریٹ محفوظ ہیں یا نہیں بقول Meredith Melnick ''جتنی بھی تحقیق ہوئی اس میں متفرق باتیں ہوئی ایسی صورتحال میں جب صحافی کوئی بات واضح طور پر نہیں فراہم کرسکتا ہے تو

اُس کو چاہیے کہ وہ وضاحت کرے وہ کیوں واضح جواب نہیں دے سکتا ہے۔ صحافی یہ بھی بتلا سکتا ہے ابھی تک کس طرح کی تحقیق ہوئی ہے۔ اور اس طرح کی تحقیق کے لیے مالیہ کس نے فراہم کیا اور اس تحقیق کا دائرہ کس قدر محدود ہے۔ اور اس تحقیق کے نتائج کو کس طرح سمجھنا چاہیے۔

سنسنی خیز انداز سے بچیں:

برطانیہ کے اخبار ڈیلی ایکسپریس نے 5 / جنوری 2017ء کو ایک سرخی لگائی کہ Busy Roads can Cause dementia, buzz feed ڈاٹ کام کے سائنس ایڈیٹر Kelly Oakes نے ڈیلی اکسپریس کی اس سنسنی خیز رپورٹ کی تردید کرتے ہوئے ایک اسٹوری لکھی جو۔

"Here is what you need to know about that, Busy Roads can cause Demintia" Story.

اپنی تردیدی اور وضاحتی اسٹوری میں Oakes نے بتلایا کہ تحقیق میں ایسا کچھ نہیں کہا گیا کہ آپ مصروف سڑکوں کے قریب میں رہتے ہوں تو آپکو بھولنے کا عارضہ لاحق ہوسکتا ہے۔ تحقیق میں تو یہ کہا گیا کہ اگر آپ مصروف شاہروں کے قریب قیام کرتے ہوں تو آپکے لیے خطرے میں اضافہ ہوسکتا ہے اور تحقیق میں دیگر عوامل کا بھی ذکر ہے۔

طلبائے صحافت کے لیے اس مثال سے واضح ہوتا ہے کہ صحافیوں کو ایسی اسٹوریز بھی کرنی چاہیے جو لوگوں میں صحیح معلومات فراہم کرنے کے مقصد سے اور سنسنی خیز کہانیوں سے پیدا شدہ غلط فہمیوں کے ازالے کے لیے لکھی گئی ہو۔ کسی بھی تحقیق کے نتائج کو بیان کر دینا صحافت نہیں ہے۔ کیونکہ قاری کو یہ بھی معلوم ہونا چاہیے تحقیق میں کن باتوں اور زاویوں

کو چھوڑ دیا گیا ہے اور کونسی بات شامل کی گئی ہے۔

مثال کے طور پر بعض غذائیں (خوراک) مختصر مدت کے استعمال کے لیے فائدہ مند ہوتی ہیں لیکن اسی خوراک کے طویل مدت استعمال کرنے سے کیا ہوتا ہے کسی کو نہیں معلوم ہے۔ بعض مرتبہ بعض چیزوں کے مخصوص نتائج تحقیق کے دوران نکلتے ہیں جبکہ تحقیقی لیا بس میں ماحول اور ہر چیز کنٹرول کی جاتی ہے اس کے برخلاف عوام کے لیے عملی زندگی میں ایسا کچھ نہیں۔

VOX، Julia Bellux کی سینئر ہیلتھ ایڈیٹر ہیں وہ لکھتی ہیں کہ اگر کسی اچھی تحقیق میں کچھ کمیاں یا Limitations ہیں تو میں اُس کا بھی اپنی رپورٹ میں ذکر کرونگی اور اپنی رپورٹ میں واضح طور پر اس بات کا اظہار کروں گی بلکہ ایک پیراگراف میں اپنے قارئین کو بتلاؤنگی کہ اس طرح کی تحقیق میں چیزیں کس طرح سے پیش کی جاتی ہیں اگر یہ کوئی اکلوتی ریسرچ ہوگی تو میں اس کا منظم انداز میں تجزیہ کرونگی تا کہ قارئین کو مکمل پس منظر سمجھ میں آسکے۔ مثال کے طور پر اگر نمونہ (Sample) چھوٹا ہو تو قارئین کو اس بات کا پتہ ہونا چاہیے یا تحقیق صرف کسی ایک زاویہ کو ہی بتلاتی ہے۔ جیسا کہ مصروف شاہروں اور بھولنے کے عارضہ کی مثال میں بتلایا گیا اس سے پوری خبر کی پیشکشی میں بہت بنیادی تبدیل آسکتی ہے۔

شفافیت:

اس میں تعجب کی بات نہیں ہونی چاہیے کہ ورکنگ جرنلسٹ اکثر اور عام طور پر شفافیت کی بات کرتے ہیں شفافیت دراصل اعتماد سے متعلق ہے جس کی غیر موجودگی میں قابل بھروسہ معلومات بھی اپنی اہمیت کھو دیتے ہیں۔

ایک رپورٹر اپنے ماخذ اور ذرائع کے علاوہ خبر کے حصول کے لیے شفاف طریقہ کار

استعمال کرے تب بھی ضروری نہیں اُس کے پیش کردہ معلومات درست ہوں لیکن رپورٹر اگر اتنی ایمانداری کا مظاہر کرتا ہے تب قاری کے لیے یہ فیصلہ کرنا نسبتاً آسان رہتا ہے کہ رپورٹر کی پیش کردہ معلومات درست ہیں یا غیر درست ہیں۔ شفافیت سے مراد عام طور پر خبر کے حصول کے ماخذ، طریقہ کار، الحاق وغیرہ کے بارے میں صاف گوئی سے کام لینا سمجھا جاتا ہے۔ (Karlssan 2010) کے مطابق شفافیت کے ساتھ اس بات کا انکشاف کرنا بھی ضروری ہے کہ خبر کے حصول کا ذریعہ کیا تھا جبکہ شمولیاتی شفافیت سے مراد قارئین کو بھی خبروں کی تیاری کے عمل میں شامل کرنا ہے۔

بیشتر صحافی حضرات شفافیت سے مراد درج ذیل باتوں کو سمجھتے ہیں:

(1) اپنے ناظرین اور قارئین کے ساتھ مشاورت

(2) ناظرین اور قارئین کو اصل ماخذ کے بارے میں بتانا

(3) اُن عوامل کی نشاندہی کرنا جس سے خبر کے ذرائع کا معیار معلوم ہوتا ہو۔

مندرجہ بالا عوامل سے قارئین کا ذرائع ترسیل پر اعتماد بڑھتا ہے اور صرف میڈیا پر بھروسہ کی حاجت نہیں رہتی قارئین خود بھی اُن اصل ماخذ یا ذرائع تک رسائی حاصل کر کے تصدیق کر سکتے ہیں۔

بعض صحافیوں کا ماننا ہے شفافیت سے مراد اپنے قارئین سے راست ترسیل کرنا ہے جب قارئین راست طور پر صحافیوں سے رابطہ میں آتے ہیں تو قارئین خود صحافیوں میں جوابدہی کے احساس کو یقینی بناتے ہیں۔

موجودہ دور میں اگر کوئی صحافی غلطی کرتا ہے یا جانبداری کا مظاہرہ کرتا ہے ٹویٹر پر اس کا پردہ فاش ہو جاتا ہے اس طرح قارئین کے ساتھ راست تعلق اضافی تحفظ فراہم کرتا ہے۔

صحافت برائے صحت مصنف: محمد مصطفیٰ علی سروری

Andrew Jack فینانشیل ٹائمز سے وابستہ صحافی ہیں وہ کہتے ہیں کہ "ہر ایک کا ایک ایجنڈہ ہوتا ہے خاص طور پر مہارت کے شعبوں میں لوگوں کا کوئی بہت بڑا گروپ نہیں ہوتا ہے کہ آپ آسانی سے کسی تک پہونچ سکیں یہ لوگ اپنے اپنے جانبدارانہ رویہ رکھ سکتے ہیں۔ یہ پروفیشنل صحافت ہوسکتی ہے۔ مسابقت ہوسکتی ہے یا پھر مکمل طور پر دوسرا نقطہ نظر بھی ہوسکتا ہے۔ اس پس منظر میں قاری سے کم سے کم اتنا تو کہا جاسکتا ہے کہ یہ لوگ کون ہیں اوران کے تعلقات کس کے ساتھ ہیں اُن کو واضح کر دیا جائے۔

Quartz کے سائنس رپورٹر اکشت راٹھی کے مطابق "اگر موضوع دلچسپ ہو لیکن اُس کو سمجھانا مشکل ہو تو اسٹوری چھوٹی نہ لکھیں تفصیل سے لکھیں اور ضروری پس منظر بیان کریں۔"

Quartz کا اُصول ہے کہ کوئی بھی اسٹوری 500 الفاظ سے کم اور 800 الفاظ سے زائد بڑی نہیں ہونی چاہیے نظریاتی طور پر اگر وقت اجازت دے تو آن لائین پلیٹ فارم کے لیے کام کرنے والے صحافی بھی اس اُصول کی پاسداری کر سکتے ہیں۔ اکثر صحافی پرنٹ میڈیا کے مقابل آن لائین میڈیا کے پلیٹ فارم کو زیادہ آزاد تسلیم کرتے ہیں۔

سابق میں صحافیوں کو اپنی اسٹوریز فائل کرنے کے لیے شام 6 بجے تک کا وقت دیا جاتا تھا اور اخبار کے صفحات اور کالمس کی تعداد محدود ہوتی تھی۔ لیکن آن لائین میڈیا نے جگہہ اور الفاظ کی قید کو بے معنی کر دیا ہے۔ اب صحافی جس قدر ضروری سمجھتا ہے اپنی اسٹوری کو بڑا لکھ سکتا ہے انٹرنیٹ کی آمد نے جگہ کی قلت کے مسئلے کو حل کر دیا ہے۔

Buzz feed کے سائنس ایڈیٹر Kelly Oakes کے مطابق موبائیل فون کے بڑھتے استعمال کے بعد ایک خدشہ یہ اُبھرا تھا کہ لوگ طویل آرٹیکل یا اسٹوریز پڑھیں گے یا

نہیں لیکن لوگ اسٹوری دلچسپ ہو تب طویل اسٹوری بھی پڑھ لیتے ہیں۔ Pew Research Center نے 2016ء میں ایک تحقیق پر مبنی رپورٹ پیش کی تھی تحقیق کے دوران 30 نیوز میڈیا کے صارفین کا تجزیہ کیا گیا تو پتہ چلا کہ 101 تا 250 الفاظ پر مشتمل اسٹوری کو اوسطاً 43 سکنڈ کے لیے پڑھا گیا جبکہ پانچ ہزار، الفاظ پر مشتمل اسٹوریز کو پڑھنے کے لیے لوگ اوسطاً ساڑے چار منٹ صرف کر رہے ہیں۔ یعنی اسٹوری طویل ہو اور پڑھنے کے لیے زیادہ وقت درکار ہو تب بھی قارئین اسٹوریز پڑھ رہے ہیں۔

VOX، Julia Bellux کی صحافی ہیں، اس حوالے سے وہ کہتی ہیں کہ میرے خیال میں ہم جس دور میں رہ رہے ہیں یہ اس کا ثبوت ہے کہ بہت ہی کم معلومات ایسے ہیں جو اُسکے پس منظر کے ساتھ بیان کیے جا رہے ہیں لوگوں کو صحت کے متعلق متضاد باتیں پڑھنے کو مل رہی ہیں ایک دن کہا جاتا ہے کہ کافی پینا صحت کے لیے مضر ہے دوسرے دن کافی پینے کو صحت کے لیے فائدہ مند بتایا جاتا ہے۔ اس پس منظر میں جب صحافی کسی موضوع کو اُس کے مکمل پس منظر کے ساتھ لکھتے ہیں تو قارئین اُس کو پسند کرتے ہیں۔ صرف آن لائین پلیٹ فارم پر ہی نہیں بلکہ اخبارات میں بھی طویل اسٹوریز صحیح معلومات فراہم کر رہی ہوں تو لوگ ایسی اسٹوریز کو پڑھتے ہیں مثال کے طور پر امریکی اخبار واشنگٹن پوسٹ میں Medical Mysteries کے عنوان سے سلسلہ وار رپورٹس ہر مہینہ شائع ہو رہی ہیں ان رپورٹس میں ایسے شخص کی زبانی تفصیلات بیان کی جاتی ہیں جو نا معلوم مرض سے متاثر ہوتا ہے ایک سے زائد ڈاکٹر کے ہاں جانے کے بعد بھی اُس کو مرض کے بارے میں صحیح معلومات آہستہ آہستہ ملنے لگتی ہیں واشنگٹن پوسٹ اخبار میں Medical Mysteries صحت کے موضوع پر پڑھا جانے والا سب سے مقبول مواد ہے۔ اس کی ایک اسٹوری ڈیڑھ ہزار (1500) الفاظ پر مبنی ہوتی ہے۔

سینئر صحافیوں کے خیال میں طویل اسٹوریز اخبارات میں کوئی بہت زیادہ مقبول مواد تونہیں قرار دی جاسکتے ہیں۔لیکن اس طرح کی اسٹوریز سے معیاری صحافت کو پسند کرنے والے قارئین کی تعداد میں اضافہ ریکارڈ کیا جاسکتا ہے۔اور یہ قارئین آگے بھی اخبار سے جڑے رہ سکتے ہیں۔

نتائج:

جدید میڈیا میں قارئین کی دلچسپی کا اندازہ اس بات سے لگایا جاسکتا ہے کہ کتنے مرتبہ اسٹوری شیر کی گئی،صفحات کو کتنے مرتبہ دیکھا گیا۔کتنی دیر تک قاری مواد پڑھتا یا دیکھتا رہا ،کتنی مرتبہ دوبارہ دیکھا گیا لوگوں کے تاثرات کیا تھےاور کتنے ناظرین آپکو پسند کرتے ہیں اس طرح کی پسند ناپسند اور ساری معلومات کو سامنے رکھ کر اسٹوریز کی تیاری کی جاتی ہے تاکہ لوگ اسکو کلک کرسکیں۔اسٹوریز کی تیاری اس لحاظ سے کی جاتی ہے لوگ اُس کو شیر کرسکیں۔قارئین کو تکلیف دینے والے چیزوں کو ہٹا دیا جاتا ہے۔صحیح قارئین کے لیے مواد لکھا جاتا ہے۔ دوسرے پلیٹ فارمس جیسے ٹویٹر اور فیس بک کے موثر استعمال کو یقینی بنانے کی کوشش کی جاتی ہے۔ریسرچ انجن موثر بنانے کے اقدامات کیے جاتے ہیں خاص قسم کا مواد تیار کرنا موزوں ہے یا نہیں وہ طئے کیا جاتا ہے۔

صحت کے متعلق رپورٹنگ کے دوران تین اُمور پر توجہ دینا بہت اہم ہے۔اسٹوری کی پیا کیجنگ ،اسٹوری کا پس منظر اور قابل بھروسہ اسٹوریز ان تینوں زاویوں کا جب احاطہ کیا جاتا ہے تو زیادہ سے زیادہ قارئین کو راغب کیا جاسکتا ہے۔جب ہم پیا کیجنگ کی بات کرتے ہیں تو عزیز طالب علموں یہ بات ذہن نشین رکھیں کہ معیاری صحافت کے اُصولوں پر کہیں بھی سمجھوتہ نہیں کیا جارہا ہے۔صرف قارئین کے روبرو کس انداز میں خبر کو پیش کرنا ہے اُس پر بحث

کی جارہی ہے۔ بڑے بڑے ورکنگ جرنلسٹ اس بات پر اتفاق کرتے ہیں کہ ادارتی فیصلے صحافتی فیصلوں کی روشنی میں لیے جانے میں یہ تجزیاتی نوعیت کے نہیں ہوتے ہیں۔ کیونکہ صحافت کا معیاری ہونا سب پر مقدم ہے۔ اس کے بعد مواد معلومات اور چوکسی کی باری آتی ہے جس سے خبر کی شیئرینگ اور کلک میں اضافہ کی توقع کی جاسکتی ہے۔

طلبائے صحافت کے لیے یہ بات تعجب خیز ہوگی کہ بعض صحافیوں کے لیے زیادہ سے زیادہ قارئین تک پہونچنا اُن کے لیے فائدہ مند نہیں ہوسکتا ہے۔ مثال کے طور پر بزنس اسٹانڈر اخبار ہے یہ اخبار قارئین سے مطالعہ کے لیے Subscription کا ماڈل رکھتا ہے اور اس اخبار کے قارئین کی بزنس سے خاص دلچسپی ہوتی ہے۔ اور یہ اخبار بزنس کی خبروں کی ترسیل کے لیے ہی خاص طور پر شائع ہوتا ہے۔ ایسے میں اخبار بزنس اسٹانڈر کی ترجیح اپنے قارئین کی دلچسپی کو ملحوظ رکھنا ہے جو کہ باضابطہ خریدار ہیں بجائے ایسے قارئین کے جو صرف ایک مرتبہ کسی خبر کو پڑھنے کے لیے کلک کریں۔

فینانشیل ٹائمز کے صحافی اینڈ ریوجیاک کے مطابق ہمارے کام کاج کا ایک خاص انداز ہے ہم اپنے قارئین کو ہمیشہ مدنظر رکھتے ہیں اُن کی دلچسپی کو ترجیح دیتے ہیں ہم لوگ قارئین کی کلک میں اضافہ کے لیے کوئی خبر یا مواد نہیں دیتے کیونکہ بہت سارے ایسے لوگ بھی ہیں جو صرف ایک مرتبہ مخصوص مواد پڑھنے کے لیے ہمارے لنک پر کلک کرتے ہیں مگر ہمارے خریدار نہیں بنتے تو یہ لوگ ہماری ترجیحات میں شامل نہیں ہوتے ہیں۔

سرخی سازی کا فن:

طلبائے صحافت اس بات سے بخوبی واقف ہیں کہ ایک سرخی کسی بھی خبر کو بنا بھی سکتی ہے اور خراب بھی کرسکتی ہے ایک دلچسپ سرخی بے جان خبر کو جاندار بنا سکتی ہے۔ اور ایک بے

جان سرخی دلچسپ خبر کو بھی بے جان بنا سکتی ہے۔ عام طور پر صحافیوں کے درمیان گفتگو کا ایک موضوع دلچسپ سرخیوں کا ہوتا ہے سرخی بنانے کے لیے صحافیوں اور سب ایڈیٹرس کو بہت زیادہ محنت کرنی پڑتی ہے۔ تاکہ وہ کفایت لفظی کے ساتھ دلچسپ، پرکشش سرخی لکھ سکیں۔

Quartz کے آکاش راٹھی کے الفاظ میں خبر لکھنے سے زیادہ بعض اوقات خبر کی سرخی لکھنے میں وقت صرف ہوجاتا ہے۔ ایک اچھی سرخی قاری کی دلچسپی کو راغب کرتی ہے۔ ساتھ اچھی سرخی کے لیے خبر کے مزاج کی آئینہ داری بھی ضروری ہے۔

ایک دلچسپ سرخی کی تیاری ایک چیالنجس سے پر کام ہے۔ اکثر صحافتی اداروں میں سرخی سازی کا کام رپورٹرس اور سب ایڈیٹرس باہمی مشاورت سے مشترکہ طور پر انجام دیتے ہیں۔ انگریزی کے بڑے بڑے اخبارات میں تو سرخیوں کی تیاری کے لیے خاص طور پر الگ سے ایڈیٹر کو ذمہ داری دی جاتی ہے۔

امریکی اخبار واشنگٹن پوسٹ میں کارگزار صحافی ایک چیاٹنگ اپلیکشن Slack کا استعمال کرتے ہیں جس کی مدد سے وہ دیگر ساتھیوں کے ساتھ سرخیاں تجویز کرتے ہیں اور ایکدوسرے سے مشاورت کرتے ہیں بعض صحافیوں نے سرخی سازی کے عمل کو باکسنگ کے میچ سے تعبیر کیا ہے ایک صحافی جب ایک سرخی تجویز کرتا ہے تو فوری طور پر دوسرا صحافی کوئی دوسرا آئیڈیا دے سکتا ہے۔ دونوں کی یہ بحث اسوقت تک جاری رہتی جب تک دونوں کسی ایک سرخی پر اتفاق رائے نہیں کرلیتے۔ اب صحافت برائے صحت میں بڑا چیالنج تو سائنسی الفاظ اور اصطلاحات کے ساتھ انصاف کرنے کا بھی ہے سرخیاں بنانے کے دوران اس بات کا بھی خیال رکھنا ہوتا ہے کہ خبر کا مرکزی خیال بھی قاری کو معلوم ہوجائے اور مشکل الفاظ کا استعمال بھی نہ کیا جائے۔ بعض صحافیوں کے نزدیک موجودہ دور میں سرخی سازی کے دوران کفایت لفظی کو

بھی نظر انداز کر دیا جا رہا ہے۔ اس پس منظر میں طویل سرخیوں کا سہارا لیا جا سکتا ہے۔ کیونکہ Print میڈیا کی طرح ڈیجیٹل میڈیا میں جگہ کی دستیابی مسئلہ نہیں ہے۔

البتہ زیادہ تر صحافی حضرات اسبات کی دکالت کرتے ہیں مشہور زمانہ الفاظ کا استعمال کیا جائے عام طور پر جن الفاظ اور موضوعات کی تلاش زیادہ کی جاتی ہے ان کو سرخیوں میں شامل کیا جانا چاہیے کیونکہ اس طرح سے گوگل کی تلاش کے نتیجے میں (Trending) موضوعات آسانی سے قاری کو صحافی کی اسٹوری تک پہونچا سکتے ہیں۔

Online Metricks یعنی وہ طریقہ کار جس کے ذریعہ سے کسی ویب سائیٹ کی کارکردگی کو جانچا جا سکتا ہے کی آسانی سے دستیابی کے بعد اب صحافیوں کے لیے یہ معلوم کرنا بڑا آسان ہو گیا ہے کہ قارئین کس چیز کو پڑھنا پسند کر رہے ہیں اور کس خبر یا مواد کو ناپسند کر رہے ہیں یہ معلومات اندرون چند سکنڈ معلوم ہو جاتی ہیں ایسے میں سوشیل میڈیا پر منصوبہ بندی کی جاتی ہے کہ نیوز اسٹوری فوری طور پر قارئین کو راغب کرے اس لیے یہ ضروری ہے کہ کسی بھی خبر کا ابتدائیہ یا انٹرویو یا ابتدائی کلمات اس قدر دلچسپ ہونے چاہیے کہ وہ قاری کی دلچسپی کو باندھے رکھے اور وہ پوری رپورٹ کا مطالعہ کرے۔

بی بی سی سے وابستہ Richard Warry کہتے ہیں۔ اسٹوری کا آغاز ہی دھماکہ خیز انداز میں ہونا چاہیے تا کہ قاری پوری خبر کا مطالعہ کر سکے یا کرنے پر مجبور ہو جائے۔

Lois Rogors فری لانس ہیلتھ جرنلسٹ ہیں وہ کہتے ہیں کہ پرنٹ میڈیا میں اسی اُصول کو مقدم رکھا جاتا کہ خبر کے ابتدائی پانچ الفاظ قاری کی دلچسپی کو باندھنے والے ہونے چاہیے اس میں کسی طرح کی کوئی کوتاہی نہیں ہونی چاہیے۔ تا کہ قاری پوری خبر کا مطالعہ کرے۔

یقیناً ایک صحافی معلومات کی ترسیل کرنے کی کوشش کر رہا ہوتا ہے لیکن اُس کو چاہیے

کہ وہ معلومات چاہیے کتنی پیچیدہ کیوں نہ ہوں اس کو حتی المقدور آسان انداز میں لکھے تاکہ قاری آسانی سے پڑھ اور سمجھ سکے۔ کسی بھی خبر کو دھماکہ خیز انداز یا دلچسپ انداز میں تحریر کرنے کا کوئی ایک مقررہ فارمولہ نہیں ہوتا ہے۔

بعض صحافی ایسے اشارے استعمال کرتے ہیں جس کے جواب تلاش کرنے کے لیے قاری کو مکمل خبر پڑھنی پڑھتی ہے۔ بعض صحافیوں کے ہاں خبر کا سب سے اہم یا سب کو متاثر کرنے والا زاویہ سب سے پہلے لکھا جانا ضروری سمجھا جاتا ہے تاکہ زیادہ سے زیادہ قارئین خبر کے مطالعہ کے لیے راغب ہوں۔

ایک تصویر ایک خبر کو ایک ہزار لوگوں تک پہونچنے کا ذریعہ ہو سکتی ہے:

طلبائے صحافت اس بات کو بخوبی سمجھتے ہیں کہ خبروں میں تصاویر اور چارٹس کے استعمال کے ذریعہ ہم سوشیل میڈیا پر زیادہ صارفین کو راغب کر سکتے ہیں۔ بعض محققین نے اس بات کو بھی ثابت کیا کہ جن خبروں میں چارٹ اور تصاویر استعمال ہوتی ہیں ان کو زیادہ پڑھا جاتا ہے اور وہ زیادہ شیر ہوتی ہیں۔

فینانشیل ٹائمز کے Andrew Jack کے الفاظ میں آج کل لوگ اسمارٹ فون کے چھوٹے اسکرین پر زیادہ وقت صرف کر رہے ہیں اُن لوگوں کے لیے تصاویر اور چارٹس زیادہ بہتر طریقے سے اسٹوری کو پہونچا سکتے ہیں۔

فوٹو آسان ڈاؤن لوڈ ہونی چاہیے خبر کے مواد کی بہتر ترجمان ہونی چاہیے اور سب سے اہم بات بہترین ہونی چاہیے۔ روایاتی طور پر لوگوں کو متوجہ کرنے کے لیے عوام کی تصاویر ہی سب سے مؤثر ثابت ہوتی ہیں۔ ایک دواخانے کی فوٹو شائد لوگوں کی توجہ مبذول نہ کرے لیکن اُسی

دواخانے میں کام کرنے والے عملے کی تصویر لوگوں کو جلد اپنی جانب مبذول کر سکتی ہے۔

خبروں کی پیش کشی کا انداز:

انٹرنیٹ کی وجہ سے اب صحافیوں کی یہ مجبوری جاتی رہی کہ ان کی اسٹوریز مخصوص سائیز میں ہی شائع ہو۔ اگر کسی ہیلتھ اسٹوری میں ہندوستان کے ان شہروں کا نقشہ بتلانا ضروری ہے جہاں موٹاپے کا شکار افراد زیادہ ہوں تو اب وہ بھی ممکن اور آسان ہے ان سب سہولیات کے باوجود کسی بھی خبر میں سب سے اہم اُس کا متن ہی ہے۔

ویڈیوز اور Interactive گرافکس کے مقابلے میں مواد اور متن قاری کو موثر طور پر پہونچایا جاسکتا ہے۔ اسکرولنگ کی مدد سے قاری غیر ضروری باتوں کو چھوڑ کر کام اور دلچسپی کے نکتے پر پہونچ سکتا ہے۔

میڈیا کے بڑے بڑے ادارے اب سوشیل میڈیا کے کئی پلیٹ فارمس کا استعمال کر رہے ہیں۔ جیسے فیس بک، ٹویٹر، اسناپ چیاٹ، پوڈ کاسٹ وغیرہ بعض سوشیل میڈیا کے پلیٹ فارمس پر اچھا نتیجہ بھی نکل رہا ہے لیکن زیادہ تر میڈیا ادارے اصل میں متن ہی پر انحصار کرتے ہیں جس میں ویڈیو گرافکس اور تصاویر شامل ہوتی ہیں۔

ملٹی میڈیا مواد کی پیش کشی کے لیے کچھ وقت ضرور لگتا ہے۔ بعض مرتبہ اس سے قارئین کی جھنجھلاہٹ بڑھ جاتی ہے۔ لیکن یہ ضروری بھی نہیں کہ میڈیا کی ہر رپورٹ ملٹی میڈیا پلیٹ فارم پر پیش کی جائے اور ہر رپورٹ مقبول عام ہو جائے۔

ملٹی میڈیا کا پلیٹ فارم موجود ہونے کا یہ مطلب ہرگز نہیں ان کا استعمال ہر ایک کے لیے ضروری ہو بعض اسٹوریز جو زیادہ موزوں دکھائی دے وہی اسٹوریز پیش کیے جانے چاہئیں۔ صحت کے متعلق شائع ہونے والی خبروں کا تجزیہ کیا جائے تو پتہ چلتا ہے کہ جب خبروں

میں سے ایسے نکات کو اُجاگر کیا جائے۔ جو کہ انفرادی طور پر قارئین کے لیے معلوماتی ہوں، دلچسپ اور کارآمد ہوں تو ایسی خبروں کو زیادہ لوگ نہ صرف پڑھتے ہیں بلکہ اُن کو شیئر بھی کیا جاتا ہے۔

مثال کے طور پر سال 2016ء میں جولائی کے مہینے میں حکومت برطانیہ کے محکمہ صحت کا ذیلی ادارے Public Health England نے وٹامن ڈی کے متعلق سفارشات جاری کی تھی ان سفارشات کی بنیاد پر برطانوی اشاعتی ادارے Oakes نے اپنی سرخی لگا کہ ''کیا آپ کو وٹامن ڈی استعمال کرنے کی ضرورت ہے اس طرح سے ایک ادارے کی سفارشات کو ایک عام آدمی کے لیے دلچسپ بنایا گیا کہ کیا واقعی اُنہیں وٹامن ڈی لینا چاہیے یا نہیں۔

یقیناً بہت ساری آن لائین اسٹوریز متن کے ساتھ ہوتی ہیں اس کا مطلب یہ نہیں کہ ان کی پیش کشی پرنٹ میڈیا کی طرح ہو کیونکہ پرنٹ میڈیا میں متن اور فوٹو دونوں کو الگ الگ مانا جاتا ہے اس کا سبب یہ ہے کہ پرنٹ میڈیا میں صحافی کو معلوم نہیں ہوتا کہ قارئین متن میں دلچسپی رکھتے ہیں یا تصویر میں اس کے برخلاف اسمارٹ فون کی مدد سے جو لوگ اسٹوریز پڑھتے ہیں تو اُن کے لیے ضروری ہے۔ متن کے ساتھ ساتھ تصاویر کا تعلق سمجھ میں آئے۔

اگر ہم آن لائین میڈیا کے مواد کا اور انداز پیش کشی کا تجزیہ کرتے ہیں تو معلوم ہوگا کہ اسمارٹ فونس کی وجہ سے خبروں کا انداز پیش کشی بدل گیا بلٹ پوائنٹس اور انفوگرافکس خبر کے درمیان میں شامل کیے جارہے ہیں۔ اس کے علاوہ خبر کے اہم جملوں (متن) کو نمایاں کر کے پیش کیا جارہا ہے۔ تصاویر کو Gif اور اسکرین شاٹس کی مدد بہتر بتایا جاسکتا ہے تو اس کی مدد لی جارہی۔

انسانی دلچسپی کا پہلو:

طلبائے صحافت اس بات سے بخوبی واقف ہیں کہ خبروں کی پیش کشی کا انداز انسانی دلچسپی (Human Interest) کا بھی ہوسکتا ہے۔ Richard Warry بی بی سی نیوز ویب سائیٹ کے اسسٹنٹ ایڈیٹر ہیں۔ ان کے مطابق خبروں کو زیادہ سے زیادہ انسانی دلچسپی کے زاویہ سے لکھا جانا ضروری مانا جارہا ہے صحافی خود بھی حکومتی پالیسیوں پر خبر رسانی سے زیادہ سے زیادہ بچنا چاہتے ہیں وہ کوششیں کرتے ہیں کہ عوامی توقعات اور تجربات کو اہمیت دی جائے جیسے طبی خدمات اور نئے نئے طریقہ علاج۔

خبروں کو انسانی دلچسپی کے حوالے سے ترتیب دینے کے لیے کئی طریقے ہوسکتے ہیں۔ سب سے سہل طریقہ تو عام لوگوں سے ان کا آراء معلوم کرنا کسی ایجاد واختراع کے پس پردہ کام کرنے والے افراد پر خبر کو مرکوز کرنا یا پھر مزید عملی زاویہ کو تلاش کرنا جیسے آپ اگر اپنا زیادہ وقت ایک ہی جگہ بیٹھ کر گزارتے ہیں تو اُس کے کیا اثرات ہوتے ہیں غرض خبر میں ایک ذرا سا نقطہ نظر میں تبدیل کے ساتھ پیش کر کے دلچسپی پیدا کی جاتی ہے۔ بعض مرتبہ خبروں کو پرکشش بنانے کے لیے ہم اس طرح کا انداز بھی اختیار کر سکتے جب آپ بے خوابی کا شکار ہوجائیں تو کیسا محسوس کرتے ہیں۔

مثبت انداز:

اگر خبروں کی فیلڈ میں دہشت گردی کی بھر مار ہو، جنگ اور بیروزگاری کی بات ہوتو آپ کو ایک اُمید کی تلاش ہوتی ہے ایسا ہی ایک نقطہ (Solution Journalism) کہلاتا ہے۔ جہاں مسائل کی نشاندہی کے علاوہ مسائل کو حل کرنے کے لیے صحافت کو بروئے کار لایا

جاتا ہے جس میں مشکل مسائل حالات کا حل ڈھونڈنے کی کوشش کی جاتی ہے۔

The Center for Media Engagement کا آغاز سال 2012ء میں Engaging News Project کے نام سے آغاز ہوا تھا اس ادارے کے قیام کا مقصد ڈیجیٹل نیوز کو بہتر بنانے کے لیے تعلیمی ادارے کیا رول ادا کر سکتے ہیں۔ اس کی نشاندہی کرنا۔ سال 2016 ء میں اس ادارے کی جانب سے ایک تحقیق سامنے آئی جس کے مطابق Solution Journalism کے تحت لکھی گئی خبروں اور رپورٹنگ کا مطالعہ کرنے والے قارئین نہ صرف اُس خبر کو زیادہ شیر کرتے ہیں بلکہ اُس اخبار کا مزید مطالعہ کرتے ہیں جو اس نظریہ کے تحت خبریں فراہم کرتا ہے۔ (بحوالہ:engaging newsproject)

مغربی مما لک کے بہت سارے صحافی مسائل کا حل پیش کرنے والی صحافت کو قارئین کی دلچسپی باندھے رکھنے کا بہترین طریقہ سمجھتے ہیں۔

Buzz feed Kell Oakes کی سائنس ایڈیٹر ہیں وہ کہتی ہیں ہم نے بھی بجائے مسائل کی رپورٹنگ کرنے کے مسائل کو حل کرنے کے حوالے سے رپورٹنگ کی میں نے خود فضائی آلودگی اور کینسر کے موضوع پر اس طرح کا تجربہ کیا۔ مغرب میں صحافی اب اس ضرورت کو تسلیم کر رہے ہیں کہ صحافت کو مزید تعمیری انداز اپنانا ہوگا مسائل کو حل کرنے والی صحافت کرنی ہوگی صرف مسائل کی نشاندہی والی صحافت موزوں نہیں بلکہ شواہد اور مسلمہ حل کی نشاندہی کرنے والی صحافت بہتر ہے۔

بعض صحافیوں کے مطابق خبروں میں زیادہ سے زیادہ مثبت انداز پیش کشی اختیار کرنے کی ضرورت ہے اور قارئین کی شمولیت کو یقینی بنانے کے لیے مثبت انداز اختیار کرنا بہتر ہوگا اکثر صحافیوں نے کینسر کی مثال دی (چونکہ ہماری اس کتاب کا موضوع بھی ہیں جرنلزم سے

ہے) کہ کینسر سے لوگوں میں ڈر و خوف کے بجائے اُمید کو فروغ دینے کے لیے کینسر کے علاج میں پیش رفت اور نئے طریقے علاج کو اہمیت دی جاسکتی ہے۔

مسائل کے حل کی نشاندہی کرنے والی صحافت پر عمل پیرا ہونے کا مطلب منفی نوعیت کی خبروں سے راہ فرار اختیار کرنا ہرگز نہیں ہے۔

عام طور پر صحت کی صحافت مسائل کی نشاندہی اور حل کرنے کے حوالے سے Solution Journalist کے لیے بہتر مواقع فراہم کرتی ہے۔ ذیابطیس اور الزائمر جیسی بیماریوں کا موضوع افسردہ کرنے والا ہوتا ہے لیکن کئی تحقیقی کام ایسے ہوتے ہیں جس میں ان دونوں امراض کے علاج اور ان سے مقابلہ کرنے کے طریقوں پر بات ہوئی ہے۔

Mosaic ایک میگزین ہے جو مارچ 2014ء میں شروع کیا گیا اس ایوارڈ یافتہ رسالے میں سائنس اور صحت کی ایسی رپورٹس شائع ہوتی ہیں جو کہ عام طور پر دوسری جگہ کہیں شائع نہیں ہوتی ہیں۔ ایک عالمی خیراتی ادارہ اس میگزین کو شائع کرتا ہے۔ اس میگزین کی خبروں اور رپورٹس کو نقل کرنے کی اجازت ہے اس میگزین میں جنوری 2017ء کو نوعمر بچوں میں نشہ کی عادات پر ایک اسٹوری شائع ہوئی تھی جس کی سرخی "Iceland knows how to stop teen substance abuse but the rest of the world isn't listening" تھی اس رپورٹ میں آئیس لینڈ کی نشہ مخالف شراب مخالف پالیسیوں کی کامیابی کا ذکر تھا اس اسٹوری کو ایک مہینے کے دوران ہی دو ملین سے زائد افراد نے پڑھا اور یہ ویب سائیٹ کی تاریخ میں سب سے مقبول ترین رپورٹ ثابت ہوئی۔

لوگ اسٹوریز کو کب شیر کرتے ہیں:

لوگ دنیا کے سامنے اپنے آپ کو آگاہ اور باخبر ثابت کرنے کے لیے بھی مصدقہ

صحافت برائے صحت مصنف: محمد مصطفی علی سروری

خبروں کو یا ایسی خبروں کو شیئر کرتے ہیں جو اُن کی دانست میں صحیح اور درست ہوں۔ اگر ہم سوشیل میڈیا کی بات کریں تو اس پلیٹ فارم پر ہر ایک فرد کی یہ خواہش ہوتی ہے۔ وہ اپنے چاہنے والوں قارئین اور فرینڈس کو مرعوب کرے صحافی حضرات بھی سوشیل میڈیا کے پلیٹ فارم کو اپنے لیے ایسے موقع سے تعبیر کرتے ہیں جس کی مدد سے وہ اپنے ناظرین اور چاہنے والوں سے راست رابطہ کر سکتے ہیں جہاں پر خبروں کو شیر کرنا بہتر اور معیاری صحافت کے لیے سود مند ہوسکتا ہے وہیں اس کے بعض منفی پہلو بھی ہیں۔ محققین کے مطابق سوشیل میڈیا پر لوگوں میں جذباتی اور یکطرفہ نقطہ نظر کی علمبردار خبریں پیش کرنے کی بھی عادتیں نوٹ کی گئی ہیں اس سے صحافت کا معیار متاثر ہوسکتا ہے۔لیکن زیادہ تر صحافی خبروں کے جذباتی پہلو کو مثبت انداز میں دیکھتے ہیں۔

خبروں کو زیادہ سے زیادہ شیر کرنے کا مطلب اُسکے موضوع سے اتفاق کرنا نہیں ہے۔ بلکہ خبروں کے اس زاویہ کی اہمیت ہے۔ جو مثبت ہے بعض دفعہ پیچیدہ موضوع اور پیچ تھری (Page three) سے ہٹ کر بھی خبریں بہت زیادہ شیر کی جاتی ہیں۔ ایک صحافی کے لیے یہ ضروری ہے کہ وہ قارئین کے لیے پرکشش خبر لکھے۔جس سے وہ جذباتی طور پر لگاؤ محسوس کریں۔

خبریں کیسے لکھی جائے:

ہر خبر کو دلچسپ انداز میں لکھا جا سکتا ہے۔خبر کے انداز پیش کشی کو دلچسپ بنایا جا سکتا ہے۔ایک تحقیق سے جو Pew Research Center کی جانب سے سال 2016ء میں کی گئی تھی یہ بات سامنے آتی کہ موبائیل کے صارفین عام طور پر ایک نئی اسٹوری پڑھنے کے لیے

ایک منٹ صرف کرتے ہیں۔ لوگوں کے پاس وقت کی اس قدر تنگی کے باوجود صحت کے متعلق لکھی جانے والی اسٹوریز طویل ہوتی ہیں تب بھی قارئین اُن کا مطالعہ کرتے ہیں۔

Mosaic ایک ڈیجیٹل سائنس میگزین ہے اس میگزین کی جانب سے ایسی اسٹوریز شائع کی جاتی ہیں جن کو پڑھنے کے لیے تقریباً 8 منٹ کا وقت لگتا ہے اس رسالے میں ایسے مضامین شامل ہوتے ہیں۔ جن کی طوالت چار ہزار تا پانچ ہزار الفاظ پر مشتمل ہوتی ہے اس سے یہ بات ثابت ہوتی ہے کہ خبر چاہے طویل ہو لیکن اُس کو مناسب و موزوں انداز میں اگر لکھا جاتا ہے تب بھی لوگ اُس کا مطالعہ کرتے ہیں بشرطیکہ اندازِ تحریر دلچسپ ہو۔

سینئر صحافی حضرات کے مطابق صرف موضوع کا دلچسپ ہونا ضروری نہیں بلکہ اندازِ تحریر کا دلچسپ ہونا بے حد ضروری ہے۔ Mosaic میگزین میں لکھی جانے والی اسٹوریز کا ایک خاص اسٹائیل ہوتا ہے ہر خبر وضاحتی صحافت ہوتی ہے۔ اس کے علاوہ خبر کا مرکزی کردار پوری خبر کا ایک پلاٹ اور پھر ایک سین ہوتا ہے۔

عام طور پر سائنسی فیچر یا مضمون میں سین اور کردار نہیں ہوتے ہیں بلکہ صرف موضوع پر بات ہوتی ہے لیکن دلچسپ بیانئے اور پیرایہ کے سہارے بعض مرتبہ 600 الفاظ پر مشتمل اسٹوری بھی لکھی جاسکتی ہے۔

ہیلتھ رپورٹنگ کیسے کریں؟

ایک صحافی اپنی رپورٹ اشاعت کے لیے جب سینئر ایڈ وٹوریل اسٹاف کو دکھاتا ہے تو سب ایڈیٹر یا ایڈیٹر اس رپورٹ میں یہ دیکھنا چاہتا ہے کہ یہ قابل اشاعت ہے یا نہیں۔ اس کے لیے دو پیمانے ہیں۔ اول اصل خبر کس کے متعلق ہے اور اس کو کیسے بیان کیا گیا ہے۔ یعنی خبر کے مواد میں ایک مکمل مربوط پلاٹ اور کردار ہونے چاہئیں۔ ساتھ ہی اس خبر میں پیغام بھی ہونا چاہیے۔

صحافتی حلقوں میں مختلف صحافتی ادارے دعویٰ بھی کرتے ہیں کہ خبر وہی ہے جو استعمال کی جاسکے اور جس سے قاری اپنے لیے کچھ کارآمد باتیں اخذ کر سکے۔

غیر یقینی کیفیت ایک حقیقت ہے:

صحافی حضرات اس بات کو تسلیم کرتے ہیں کہ پیشہ صحافت میں کوئی بات یا کوئی چیز مستقل نہیں ہوتی ہے۔ طلبائے صحافت کو بھی یہ بات نوٹ کر لینی چاہیے کہ قارئین کونسی خبر کونسے مواد کو پسند کریں گے۔ اس کے متعلق کوئی مخصوص فارمولہ نہیں ہے۔

چونکہ اس کتاب کا مرکزی موضوع صحافت برائے صحت ہے اس پس منظر میں کونسے موضوعات ایسے ہیں یا ہو سکتے ہیں جو کہ عوامی مقبولیت رکھتے ہیں یا حاصل کر سکتے ہیں۔ اس کے بارے میں کوئی بات حتمی طور پر نہیں کہی جاسکتی ہے۔

صحافیوں سے خود جب پوچھا گیا کہ صحت کے حوالے سے مشہور عنوانات یا مقبول موضوعات کیا ہے تو ہر ایک کا کسی ایک ہی موضوع پر اتفاق نہیں تھا۔ کسی نے کچھ کہا تو دوسرے

نے کچھ۔ یعنی کسی ایک موضوع کے بارے میں کہنا مشکل ہے کہ اس پر لکھی گئی خبر کو عوام میں مقبولیت ملے گی۔

Vox رسالے میں سال 2016 کے دوران ایک رپورٹ شائع ہوئی جس میں مایوس کن صورت حال کا ذکر تھا جس کی سرخی تھی "We visited one of America's sicket counties we afraid its about to get worse" خبر اگرچہ منفی نوعیت کی تھی لیکن اس کے باوجود اس خبر کو عوام میں کافی پذیرائی ملی۔

خبروں کے تجزیئے سے یہ بات معلوم ہوتی ہے کہ عوام زیادہ تر مثبت خبروں کو پڑھنا اور شیئر کرنا پسند کرتے ہیں۔ لیکن یہ کوئی مخصوص طریقہ نہیں ہوسکتا ہے لیکن صحافی حضرات کی یہ ذمہ داری ہے کہ وہ ہر خبر اور ہر رپورٹ کو دلچسپ جامع، معلوماتی اور پرکشش انداز میں لکھتے رہیں۔

اکثر صحافی اپنے تجربے کی بنیادوں پر جب یہ محسوس کرتے ہیں کہ کسی خبر میں عوامی دلچسپی کا سامان ہے تو اس طرح کا نقطہ نظر دیگر صحافیوں کا بھی ہوتا ہے۔

ساتھ ہی بعض صحافی یہ تسلیم کرتے ہیں کہ انہیں خود بھی پتہ نہیں ہوتا کہ بعض موضوعات کیوں کر بہت زیادہ عوامی مقبولیت حاصل کر لیتے ہیں۔ حالانکہ خبر کا موضوع عام سا ہوتا ہے۔

طلبائے صحافت کو یہ بات بھی سمجھ لینی چاہیے کہ ہم چاہے لاکھ مفروضات بنالیں اور تحقیق کرلیں۔ کب کونسا Trend بدلے گا کب کس Trend کو لوگ پسند کریں کچھ بھی نہیں کہا جاسکتا ہے۔

واقعی یہ سچ ہے کہ قارئین ہمیشہ ایک ہی طرح کے ردعمل کا اظہار نہیں کرتے ہیں۔ اس لیے ایک موضوع پر ایک مرتبہ اگر کوئی خبر بہت زیادہ شیئر ہوجائے اور بہت زیادہ پڑھی جائے تو ضروری نہیں ایسا ہمیشہ ہو۔

جو قارئین خبروں کا آن لائن مطالعہ کرتے ہیں وہ بہت زیادہ سمجھدار ہو گئے ہیں۔ وہ کوئی بھی خبر کو صرف اس لیے نہیں پڑھتے ہیں کہ ہم نے اس خبر کو لکھا ہے یا سفارش کی ہے۔ اور کبھی تو ہم سمجھتے ہیں کہ ہماری اس خبر کو بہت زیادہ پسند کیا جائے گا لیکن عملی طور پر ایسا کچھ بھی نہیں ہوتا ہے۔

مواد کا تجزیہ:

سائنسی جرنلس ہو یا محققین و سائنس داں حضرات کے مقالے یہ لوگ اپنے تحقیقی مواد کو پیش کرتے ہیں تو اس مواد سے راست طور پر عوام کو استفادہ کرنا سہل نہیں ہوتا ہے۔ اب یہ صحافی حضرات اور رپورٹر کی ذمہ داری ہے کہ وہ سائنسی اور صحت سے متعلق مواد کو سہل زبان میں عوام کے لیے پیش کریں۔ جس کو وہ اپنے طور پر پڑھ کر خود سمجھ سکیں۔ اخبارات ہوں یا میگزین، ویب سائٹ ہوں یا آن لائن پلیٹ فارم ان پر پیش کردہ مواد کے لیے ضروری ہے کہ وہ از خود اپنا مطلب بیان کریں۔ ان کی زبان ان کی اصطلاحات اور ٹیکنیکی گفتگو اور متن اس قدر آسان انداز اور سہل طریقے سے لکھے جانے چاہیے کہ قارئین کو خود بخود سمجھ میں آجائے۔ کیوں کہ کوئی کسی گائیڈ کی مدد سے خبروں کو نہ تو پڑھتا ہے اور نہ سمجھنے کی کوشش کرتا ہے۔

Hard نیوز جب لکھنا ہے تو اس میں دو باتوں کو ملحوظ رکھنا ہوتا ہے۔ اول تو یہ الٹا اہرام والے انداز میں لکھی جاتی ہیں۔ دوسرا انداز ایسا کہ لکھنے والے کی غیر جانبداریت برقرار رہے۔

اس طرح کی خبروں سے پتہ چلتا ہے کہ اس میں صرف حقائق کو پیش کیا گیا ہے۔ غیر جانبدارانہ انداز میں خبروں کو تحریر کرنے کا طریقہ مسائل کو کم کرتا ہے۔ نسبتاً آسان بھی ہے۔ مثال کے طور پر کار ایک درخت سے ٹکرا گئی۔ ایک نئے شاپنگ مال کا افتتاح عمل میں آیا۔

زیادہ تر خبروں میں توازن پیدا کرنے کے لیے موضوع سے متعلق سبھی فریقین کے نقطہ نظر کو شامل کیا جاتا ہے یا کم سے کم دو اہم کرداروں کا احاطہ کیا جاتا ہے۔ اس طرح سے لکھی جانے والی خبروں سے خبریں غیر جانبدار تو بن جاتی ہیں۔ لیکن قاری کے لیے یہ سمجھنا ذرا مشکل رہتا ہے کہ خبر میں جن خیالات یا نکات کو پیش کیا گیا ہے وہ کتنے بھروسہ مند ہیں۔

خبروں کے لکھنے کے روایاتی طریقے سے اگر انحراف کیا جائے تو خبر لکھنے والے اور قاری کے درمیان ایک تعلق سا پیدا ہو جاتا ہے۔ خبر لکھنے والا خبر کے پیچھے کہیں گم رہتا ہے۔ اس کے برخلاف وضاحتی انداز لکھنے والے کو بھی ظاہر کرتا ہے اور قارئین کو خبریں صحافی کے نقطۂ نظر سے پڑھنے کو ملتی ہیں۔ اس طرح کے اندازِ تحریر میں صحافی خبر کے مواد میں ''میں'' بھی لکھتا ہے اور استعمال کرتا ہے۔ یوں صحافی کا قاری سے راست تعلق ہو جاتا ہے۔

طلبائے صحافت کو یہ بات سبھی سمجھ لینی ضروری ہے کہ وضاحتی صحافت اور نقطہ نظر کی ترجمانی میں فرق ہوتا ہے۔

کالم نگار اپنے کالمس میں اور اداریہ نویس اداریوں میں شواہد پیش کرتے ہوئے اپنے ایک خاص نقطہ نظر کی تائید کرتا ہے۔ لیکن وضاحتی انداز میں خبریں لکھنے کا مقصد کسی کے خلاف یا کسی کی تائید میں لکھنا نہیں ہوتا بلکہ معلومات کی بصیرت فراہم کرنا جن کی مدد سے قاری خود فیصلہ کر سکے۔

خلاصہ

اب تک آپ لوگوں نے اس بات کو بخوبی سمجھ لیا ہوگا کہ صحت مند صحافت برائے صحت سے مراد صحافت کے موضوعات کو سیاق وسباق میں بیان کرنا ہے۔ ایک اچھی رپورٹ سے مراد

وہ نہ صرف حقیقت بیان کرتی ہے بلکہ حقیقت کو اس کے صحیح پس منظر کے ساتھ پیش کرتی ہے۔ رپورٹ میں نہ صرف حقیقت کا جائزہ لیا جاتا ہے بلکہ یہ قاری کو اس کی اہمیت سمجھنے میں مدد فراہم کرتی ہے۔

اس طرح کی رپورٹ تحریر کرنے کے لیے سخت محنت کی ضرورت ہے جس کے دوران نہ صرف دستیاب تحقیقی مواد کا تجزیہ کیا جاتا ہے بلکہ موضوع کے ماہرین کی آراء کو بھی شامل کرنا ہے۔ ان مقاصد کو پورا کرنے کے لیے صحت کی رپورٹس کی طوالت نسبتاً زیادہ ہوتی ہیں۔

یقینا بعض احباب یہ کہہ سکتے ہیں کہ شواہداتی رپورٹنگ ایک بورنگ طریقہ دکھائی دیتا ہے۔ لیکن بڑے بڑے صحافی حضرات کے مطابق شواہداتی رپورٹنگ کا اثر رپورٹنگ کے معیار میں جھلکتا ہے کیونکہ قارئین الجھانے والی رپورٹس پڑھ پڑھ کر تھک چکے ہیں۔ اس لیے وہ اس بات کو پسند کرتے ہیں کہ کوئی رپورٹ ان کو سچ کیا ہے وہ سمجھنے میں مدد کرے۔

اگر ٹیبلائیڈ اخبارات رپورٹس کو مصالحہ دار انداز میں پیش کرتے ہیں تو یہ ان کی صحافت ہے لیکن معیاری صحافت کے دلدادہ قارئین کو معیاری رپورٹس فراہم کرنا صحافی کا اصل امتحان ہے اور شواہد کی بنیادوں پر رپورٹ تحریر کرنا اس امتحان کا طریقۂ کار ہے۔

طلبائے صحافت کو مشورے

صحافت کے میدان میں سرگرم عمل سینئر حضرات نے کم سے کم پانچ ایسے طریقوں کی نشاندہی کی ہے جس کی مدد سے نوجوان صحافی اپنی رپورٹس کو بھروسہ مند بنا سکتے ہیں۔

1. خبر کے حصول کے ابتدائی ذرائع کے طور پر تحقیق کو بروئے کار لایا جائے۔ یہ تحقیق شواہد کے جمع کرنے کے لیے ہو نہ کہ خبر کے لیے۔

2. اگر آپ کسی پیچیدہ موضوع پر رپورٹ کر رہے ہوں تو پورا وقت لیجیے اور ایک طویل متن لکھیے اور موضوع کو دستیاب شواہد کی روشنی میں واضح کیجیے اور وسیع تر سماجی پس منظر میں بات کریں۔
3. رپورٹ لکھنے کے دوران استعمال کیے جانے والے شواہد کے متعلق واضح کریں کہ ان کی حدود کیا ہیں۔ یا کن حالات میں ان کو استعمال کیا گیا۔
4. شفافیت سے کام لیں۔ اصل حوالوں سے کام لیں اور جن ماہرین سے بات کی ہو ان کے متعلق بھی وضاحت کر دیں کہ موضوع سے ان کا کیا تعلق ہے۔
5. صرف لوگوں کی رائے شامل نہ کریں بلکہ ان کی رائے کے پس پشت کونسے اور کیا شواہد ہیں اس کی بھی وضاحت کریں۔ اس کے علاوہ صحت کے موضوع پر وضاحتی آرٹیکل سے بھی پانچ خبریں سیکھی جاسکتی ہیں۔ جو ذیل میں درج کی جا رہی ہیں۔
1. اگر موضوع پہلے ہی سے ہیڈ لائن میں آ چکا ہے تو کوشش کریں کہ عام بیانیہ کیا تھا اور کونسے ایسے نکات تھے جن پر بات کرنا باقی ہے۔
2. جو کچھ معلومات ملی ہوں اس کی جانچ کریں۔ کیا اعداد و شمار اور تحقیق سے ان معلومات کی تصدیق ہوتی ہے یا نہیں۔
3. عام سا سوال کریں کیوں یہ کام ہوگا۔ کیسے اور کون وغیرہ۔
4. اگر آپ کا ادارہ یا پالیسی اجازت دیتی ہے تو انفرادی طور پر قارئین سے مخاطب ہوں تا کہ کسی صحافتی ادارے سے جڑے صحافی کے طور پر آپ کی شناخت ہو سکے۔
5. آپ درست ہیں تو اس کا مطلب یہ نہیں ہونا چاہیے کہ آپ قاری کو بور کریں۔

قارئین کو اپنی رپورٹ کے ساتھ شامل کرنے ان کی توجہ مبذول کروانے کے لیے

درج ذیل تدابیر بھی اختیار کی جاسکتی ہیں۔

1. ہر اسٹوری میں انسانی دلچسپی کے زاویوں کو تلاش کریں۔ موضوع پر پہلے سے کیا کیا گیا تھا اس کو معلوم کریں اور ان سوالات کا جواب تلاش کریں جن کے ابھی تک جوابات نہیں دیئے گئے

2. جو کچھ معلومات موصول ہوں ان کی اصلیت کو چیک کریں اور دیکھیں کہ کیا اعداد و شمار دستیاب ہیں۔ کونسی رپورٹس موجود ہیں جن پر انحصار کیا جاسکتا ہے۔

3. سیدھے اور بالکل معمول کے سوالات کریں۔ کوئی چیز کیسے کام کرتی ہے۔ کیوں اور کون وغیرہ۔ کیوں کہ لوگ اچھی رپورٹوں کو پسند کرتے ہیں۔ اگر آپ کی اسٹوری طویل ہو تو وضاحتی زبان اور بیانیہ صحافت استعمال کریں۔

4. ایسی اسٹوری لکھیں کہ لوگ دوسروں کی مدد کرنے کے مقصد سے آپ کی اسٹوری شیئر کریں۔ لوگوں کے خوف، خوشی اور ناراضگی کو مدنظر رکھیں۔

5. اگر موضوع بہت ہی افسردہ کرنے والا ہو تو مسئلہ کا حل کیا ہوسکتا ہے اس زاویہ سے اسٹوری کریں۔

6. اپنے قارئین کو اسٹوری کے لیے راغب کرنے پر کشش سرخیوں کو بروئے کار لائیں۔ دلچسپ تصاویر سے مدد لیں اور اسٹوری کا ابتدائیہ پرکشش لکھیں۔

ہندوستانی بچے

گذشتہ دو دہائیوں کے دوران ہندوستان کی مجموعی ترقی نے عالمی سطح پر انسانی ترقی کی رفتار کو بھی غیر معمولی بنا دیا ہے۔ ہمارے ملک ہندوستان میں غربت کی شرح 21 فیصد تک کم ریکارڈ کی گئی ہے۔ بچوں کی شرح اموات میں بھی 50 فیصد تک کمی آئی ہے۔ آج ہندوستان میں 80 فیصد خواتین اپنی زچگی کسی ہیلتھ سنٹر میں کروا رہی ہیں اور اسکول سے باہر رہ جانے والے بچوں کی تعداد گھٹ کر 2 ملین سے کم ہوگئی ہے۔

ہندوستان جیسے ملک کے لیے جہاں دنیا کی کل آبادی کا چھٹا حصہ آباد ہے یہ بڑی اہم کامیابیاں ہیں۔ ان سب کے باوجود ہندوستان کے لیے چیالنجس بدستور برقرار ہیں۔

ہندوستان کی غیر معمولی معاشی کامیابیوں کے نتیجے میں ملنے والے فوائد ہر ایک ہندوستانی تک نہیں پہنچ سکے۔ اور چند یک افراد اور علاقوں تک محدود رہ گئے۔ خاص کر خواتین اور بچوں کے لیے صورتحال امید افزاء نہیں ہے۔

ہمارے ملک ہندوستان میں یونیسیف کی رپورٹ کے مطابق 38.4 فیصد بچے تغذیہ کی کمی کا شکار ہیں۔ طلبہ میں سیکھنے کی صلاحیتوں میں زبردست کمی سامنے آئی ہے۔ تیسری جماعت کے صرف 42.5 فیصد بچے پہلی جماعت کا مواد پڑھ پا رہے ہیں۔

بچہ مزدوری کے ساتھ ساتھ ایسی بیماریاں اب بھی موجود ہیں جن سے بچاؤ کے لیے ویکسین موجود ہیں۔

ہندوستان کا شمار دنیا کے ایسے بڑے ملکوں میں ہوتا ہے جہاں لڑکوں کے مقابلے لڑکیوں کی زیادہ تعداد موت کے منہ میں چلی جاتی ہیں۔لڑکوں کے مقابل لڑکیوں کی پیدائش کا تناسب منفی ہے۔آج بھی ایک ہزار لڑکوں کے مقابل لڑکیوں کی پیدائش 900 ریکارڈ کی جاتی ہے۔

عالمی سطح پر بچوں کی اموات کا تجزیہ کریں تو پتہ چلے گا کہ 5 سال سے کم عمر بچوں کی اموات کی شرح عالمی سطح پر 5 فیصد سے جبکہ ہندوستان میں 11 فیصد زیادہ لڑکیاں اپنی پیدائش کے اندرون پانچ سال مرجاتی ہیں۔

دیہی علاقوں، سلم علاقوں اور شہری علاقوں کے غریب خاندان درج فہرست ذات اور درج فہرست قبائل کے علاوہ سماج کے پسماندہ طبقات کے بچے غربت، غذائیت کی کمی، معیاری صحت کی خدمات کی عدم دستیابی، بچپن کی شادی، اسکولس میں ناقص حاضری، ناقص تعلیمی نتائج، صفائی کی کمی سے متعلق متعدد محرومیوں کے شکار ہیں۔

شہری علاقوں میں قیام پذیر بچوں کے مقابل دیہی علاقوں کے بچوں کے پانچ سال کی عمر مکمل کرنے سے پہلے مرنے کے امکانات زیادہ ہیں۔

دنیا بھر میں نوجوانوں کی آبادی کے حوالے سے بھی ہندوستان سب سے بڑا ملک ہے۔ہندوستان کی 253 ملین آبادی تو جوانوں پر مشتمل ہے۔ہمارے ملک کا ہر پانچواں شخص 10 سے 19 برس کے درمیان کی عمر کا ہے۔اگر نوجوانوں کی اتنی بڑی تعداد کو تحفظ، صحت مند زندگی، تعلیم کی سہولت، ضروری معلومات کی فراہمی اور زندگی کی مہارتوں سے آراستہ نہیں کیا گیا تو ہندوستان کو سماجی، سیاسی، اور اقتصادی طور پر نقصان ہوسکتا ہے۔

ملک کی مسلسل ترقی کے لیے ان تمام اہداف کی تکمیل بے حد ضروری ہے۔تاہم نوعمر

لڑکیوں میں خاص طور پر غذائیت کی کمی، ناقص غذائیت، نوعمری کی شادیاں اور پھر بچوں کی پیدائش اس سے یہ مسئلہ مزید سنگین ہوجاتا ہے۔ جس کے نتیجے میں اگلی نسل بھی متاثر ہوجاتی ہے۔

سارے عالم میں نوعمر دلہنوں کے حوالے سے بھی ہندوستان چوتھے نمبر پر ہے۔ جبکہ بانگلہ دیش، نیپال اور افغانستان لڑکیوں کی کم عمری میں شادی کے حوالے سے سرفہرست تین ممالک ہیں۔

ہمارے ملک ہندوستان میں نصف سے زائد 54 فیصد لڑکیاں خون کی کمی کے عارضہ سے متاثر ہیں۔ جبکہ لڑکوں میں خون کی کمی کا مسئلہ 30 فیصد ریکارڈ کیا گیا۔

نوعمر لڑکیوں میں باڈی ماس انڈکس (BMI) کے کم ہونے کی شکایت کے ساتھ کم عمری کی شادیاں اور لڑکیوں کا کم عمر میں حاملہ بن جانا ہندوستانی لڑکیوں کے صحت کے مسائل کو مزید سنگین دیتا ہے۔

اس کے علاوہ خواتین کے خلاف تشدد کے حوالے سے بھی ہندوستان کی پوزیشن بہت خراب ہے۔ 60 تا 90 فیصد لڑکیوں کو عوامی مقامات پر جنسی ہراسانی اور تشدد کا سامنا کرنا پڑتا ہے۔ اس کے علاوہ ہندوستان میں آفات سماوی، سیلاب، خشک سالی، زلزلے، رفوجیوں کی آمد اور موسمیاتی تبدیلیوں نے ملک کی شرح ترقی کو متاثر کیا ہے۔ اس طرح سے یہ بات ظاہر ہوتی ہے کہ ہندوستان میں بچوں کی صحت کے حوالے سے مزید کام کرنے کی ضرورت ہے۔

کویڈ-19 وباء کے سماج کے پسماندہ طبقات پر اثرات

کویڈ-19 کی وباء پھوٹ پڑنے کے بعد 25/ مارچ 2020ء سے ہندوستان بھر میں قومی سطح پر لاک ڈاؤن لگا دیا گیا تھا۔ ایک طرف وباء دوسری طرف لاک ڈاؤن کے نفاذ نے صرف عوام کی نقل وحرکت کو محدود نہیں کیا بلکہ ضروری سامان اور خدمات کی فراہمی پر بھی روک لگا دی۔

اس صورت حال نے سماج کے پسماندہ اور غریب طبقات کے لیے بڑی تشویشناک صورتحال پیدا کردی تھی۔ دوکانات بلکہ پورا بازار بند ہوگیا تھا۔ فیکٹریز کے ساتھ ساتھ دفاتر بھی بند ہوگئے تھے۔ عوامی خدمات کی رسائی محدود ہوکر صرف ضروری اور لازمی خدمات تک گھٹ گئی تھیں۔

لاک ڈاؤن کے نتیجے میں سب سے زیادہ نقصان ایسے افراد کو اٹھانا پڑا جو یومیہ اُجرت پر کام کرتے تھے یا روز آنہ تجارت کر کے اپنے گذارے کا سامان پیدا کرتے تھے۔ فٹ پاتھ، ٹھیلہ بنڈی اور غیر منظم شعبہ میں کام کرنے والے خاص طور پر متاثر ہوئے۔

خاص کر شہری علاقوں کے وہ لوگ جو محنت مزدوری کر کے کارخانہ، فیکٹری میں کام کر کے یا چھوٹا موٹا کاروبار کر کے اپنی گذر بسر کا سامان پیدا کرتے تھے۔ ان کی آمدنی کا ذریعہ بند ہوگیا تھا۔ ایسے میں ان لاکھوں، کروڑوں لوگوں کے لیے جو شہروں میں رہتے تھے اور کما کر

گاؤں بھیجا کرتے تھے۔ اب گاؤں واپس اپنے گھر جانے کے علاوہ دوسری کوئی راستہ نہیں تھا۔ یہ لوگ عوامی ذرائع حمل ونقل بند ہوجانے کے سبب پیدل ہی اپنے گھر جانے کے لیے نکل پڑے۔ لاک ڈاؤن کے نفاذ سے نہ صرف معیشت کے سبھی شعبے متاثر ہوگئے بلکہ کھانے پینے کی اشیاء، صحت اور تغذیہ کی فراہمی بھی بند ہوگئی تھی۔ اس کے علاوہ تعلیمی ادارے بھی فوری طور پر بند کردیئے جانے سے بچوں کا تعلیمی سفر بھی رک گیا تھا۔ تمام تر سرکاری خدمات بھی بند ہوگئے تھے۔ ابتداء میں تو ریل گاڑیوں سے لے کر طیاروں تک، موٹر گاڑی سے لے کر ٹرکوں تک سب کچھ بند کردیئے گئے تھے۔ اس ساری صورتحال کا سب سے زیادہ اثر ہمارے ملک میں بچوں پر پڑا۔ ان کے لیے کھانے کی فراہمی سے لے کر صحت کی نگہداشت، تعلیم سے لے کر ان کی زندگیوں پر ایسا بھی اثر پڑا کہ لوگ بچوں کی کم عمری میں شادیاں کر کے اپنی ذمہ داریوں سے بری الذمہ ہونے لگے تھے۔ صرف بچوں کی شادیاں ہی نہیں بڑھی بلکہ بچہ مزدوری کے واقعات میں اضافہ ریکارڈ کیا گیا۔

اپریل 2020ء کے دوران ہی اقوام متحدہ کے ہندوستان میں سرگرم ذیلی اداروں نے منصوبہ بنایا کہ ملک کی پسماندہ آبادی پر کرونا کے سبب پڑنے والے اثرات کا باضابطہ طور پر مطالعہ کیا جائے۔ یونیسیف UNICEF نے اس حوالے سے پہل کی اور Community Based Monitering (CBM) کے میکانزم کو تشکیل دیا تاکہ سماج کے پسماندہ و پچھڑے ہوئے طبقات ساتھ ہی شہری سماج کے لیے سرگرم تنظیمیں اور ان کے کمیونٹی والینٹرس کے توسط سے زمینی صورت حال کا پتہ لگایا جاسکے۔

کویڈ 19 کے سدباب کے لیے لگائے گئے لاک ڈاؤن نے ہمارے ملک میں بے روزگاری میں اضافہ کیا ہے۔ حالانکہ اُس برس ڈسمبر کے آتے آتے بے روزگاری میں کمی ہوئی

لیکن اس دوران لوگ بہت زیادہ متاثر ہوئے۔

مہاتما گاندھی نیشنل رورل ایمپلائمنٹ گیارنٹی اسکیم دیہی روزگار کی ضمانتی اسکیم MGNREGS کے سبب دیہی علاقوں کے عوام کو کچھ راحت رہی۔

MGNREGS کے تحت روزگار کی تلاش کرے والے لوگ بہت زیادہ تھے۔لیکن سب کے لیے روزگار نہیں تھا۔ یونیسیف کے سروے میں شامل 27 فیصد لوگ ایسے ہی تھے جنھوں نے دیہی روزگار اسکیم سے استفادہ کے لیے درخواست تو دی مگر انہیں نوکری نہیں ملی۔ کئی ایک افراد کو اس اسکیم سے استفادہ کے لیے درکار کارڈ ہی نہیں ملا۔ دیہی علاقے کے سروے میں یہ بات بھی سامنے آئی کہ 29.6 فیصد لوگ ایسے بھی تھے جن کے پاس اس اسکیم کا کارڈ بنانے کے لیے دکار دستاویزات نہیں تھے۔28.8 فیصد لوگوں نے شکایت کی کہ وباء کے ابتدائی دور میں جب وہ اپنا کارڈ بنانا چاہتے تھے اس وقت پنچایت کے دفاتر بند تھے۔

بعض لوگوں نے اس بات کو بھی ایک وجہ قرار دیا کہ MGNREGS اسکیم کے تحت ان کے کام نہ کرنے کی وجہ بروقت ادائیگی کا یا اجرت کا بروقت نہ ملنا بھی ہے۔

شہری علاقوں میں سروے میں شامل 28 فیصد افراد کا کہنا تھا کہ انہیں غذائی اشیاء کی قلت کا سامنا کرنا پڑا۔

شہری علاقوں سے اپنے گھروں کو واپس ہونے والوں اور ایسے خاندان جہاں خاندان کی سربراہ خاتون ہو انہیں روزگار کے علاوہ کھانے پینے کی فراہمی کے لیے شدید مسائل کا سامنا کرنا پڑا۔

ایسے گھر جہاں کام کرنے والے شہروں سے واپس لوٹے اور جن گھروں میں چھوٹے بچے ہوں وہاں خاندانوں کو غذاء کی قلت کا زیادہ سامنا کرنا پڑا۔اس طرح روزگار اور نوکری

سے محروم ہو کر گاؤں جانے والے افراد کے گھر میں بچوں کی نشو ونما پر منفی اثرات مرتب ہوئے۔

یونیسیف کی رپورٹ کے مطابق کوویڈ 19 سے دیہی علاقوں کے مقابل شہری آبادی کے پسماندہ طبقات بری طرح سے متاثر ہوئے ہیں۔لیکن شہری علاقے کے لوگوں کو علاج کی سہولیات اور کوویڈ 19 کا ٹسٹ کروانے کے مراکز کے بارے میں معلومات تھیں۔لیکن زیادہ لوگوں کی شکایت تھی کہ کوویڈ ٹسٹ کروانے کے مراکز بہت دور واقع ہیں۔

لاک ڈاؤن کے دوران شہروں سے نقل مکانی کر کے اپنے آبائی مقامات کو جانے والے شہریوں کی اکثریت نہ صرف ملازمت اور روزگار سے محروم ہوگئی تھی بلکہ ایسے لوگوں کو دو وقت کے کھانے کے لیے بھی مسائل کا سامنا کرنا پڑ رہا تھا۔

کرونا کے بعد کیے گئے تجزیئے پر مبنی یونیسیف کی رپورٹ میں لکھا کہ بڑے شہروں سے اپنے آبائی مقامات کو نقل مکانی کرنے والے افراد دیہی علاقوں کی آبادی کا 27 تا 28 فیصد حصہ تھے۔

جون۔جولائی 2020ء کے دوران شہروں سے گاؤں جانے والے اور خود گاؤں میں رہنے والے افراد میں بے روزگاری پورے عروج پر تھی۔لاک ڈاؤن کے چوتھے مرحلے کے آتے آتے شہروں سے نقل مکانی کرنے والوں میں دیہی علاقوں میں رہنے والوں کے مقابل بے روزگاری 5 پوائنٹ زیادہ ریکارڈ کی گئی تھی۔(یہ دسمبر 2020) کی بات ہے۔

بے گھر افراد جو شہروں سے گاؤں واپس گئے تھے ان خاندانوں کے بچوں میں غذائی قلت کا مسئلہ سنگین تھا۔

حکومتی فلاحی اسکیمات کے بارے میں عدم آگاہی:۔

ہمارے ملک ہندوستان میں سماج کے پسماندہ اور غریب طبقات کو سماجی تحفظ فراہم کرنے کے لیے کئی ایک حکومتی اسکیمات کارکرد ہیں۔

CBM کے تحت کیے گئے جائزہ سے یہ بات سامنے آئی ہے کہ دیہی علاقوں میں پنشن کے متعلق سرکاری اسکیمات کے متعلق کافی آگاہی ہے۔مثال کے طور پر پردھان منتری جن دھن یوجنا PMJDY، اندرا گاندھی نیشنل وڈو پنشن اسکیم (IGNWPS) اور پردھان منتری اجوالا یوجنا (PMUY) قارئین یہ ساری اسکیمات، وظائف پر مبنی ہیں۔دیہی علاقوں کے عوام کے لیے پردھان منتری جیون جیوتی بیماء یوجنا کے بارے میں معلومات ہونے کے باوجود ان اسکیموں سے استفادہ کرنے کی سہولیات کے فقدان کے سبب عوام ان سے مستفید نہیں ہوسکے۔

کویڈ19 لاک ڈاؤن کا خواتین پر اثر:

کویڈ 19 کو روکنے کے لیے حکومتی لاک ڈاؤن کے دوران سرکاری دواخانوں میں بھی خواتین کی زچگیوں علاج، معالجہ کی سہولیات محدود ہوگئی تھیں۔ اس کے علاوہ حاملہ خواتین کو تغذیہ بخش غذاء بھی فراہم نہیں کی جاسکی۔

شہر حیدرآباد میں یونیسیف کے ریکارڈ کے مطابق صرف 61.9 فیصد حاملہ خواتین نے بتلایا کہ انہیں لاک ڈاؤن کے دوران تین وقت کا کھانا میسر تھا جبکہ 38 فیصد حاملہ خواتین تین وقت کی روٹی یا کھانے سے محروم تھیں۔

خواتین اور بچوں کے لیے Integrated Child Development

Services (ICDS) کے تحت گھر لے جانے کے لیے دیا جانے والا راشن بڑا اہم مانا جاتا ہے۔ اس پروگرام کے تحت 6 تا 36 مہینے کے بچوں اور حاملہ خواتین کو گھر پر تغذیہ بخش غذائی پروگرام کے فارمولے کے تحت تغذیہ بخش راشن دیا جاتا تھا۔

لاک ڈاؤن کا راست اثر اس پروگرام پر پڑا۔ یونیسیف کے سروے میں شامل 55 فیصد خواتین نے بتلایا کہ انہیں لاک ڈاؤن سے پہلے اس پروگرام کے تحت راشن ملا کرتا تھا۔

ٹیکہ اندازی اور لاک ڈاؤن

یونیسیف کی رپورٹ کے مطابق بچوں میں ٹیکہ اندازی کا عمل شہری علاقوں میں لاک ڈاؤن کی وجہ سے زیادہ متاثر ہوا ہے۔ لاک ڈاؤن کے دوران شہری علاقوں کی 71 فیصد ماؤں نے بتلایا کہ انھوں نے اپنے بچوں کی ٹیکہ اندازی کروائی ہے۔ جبکہ دیہی عاقوں میں 81 فیصد ماؤں نے تسلیم کیا کہ انھوں نے لاک ڈاؤن کے دوران اپنے بچوں کی ٹیکہ اندازی کے عمل کو پورا کیا ہے۔

ہمارے ملک میں ٹیکہ اندازی کا عمل سب سے زیادہ سرکاری دواخانوں کے ذریعہ سر انجام پاتا ہے۔ ہیلتھ مینجمنٹ انفارمیشن ٹیم (HMIS) کے مطابق ایک سال پہلے اور کویڈ۔19 کے آغاز کے بعد انہیں مہینوں کا تقابل کریں تو پتہ چلے گا کہ سرکاری دواخانوں اور ہیلتھ سنٹرز پر بہت کم بچوں کو ٹیکہ لگایا (معمول کے ٹیکے) گیا۔ یعنی ٹیکہ اندازی کی شرح فیصد میں کمی ریکارڈ کی گئی۔

کرونا لاک ڈاؤن اور حقوق اطفال کا تحفظ:

کرونا کے لاک ڈاؤن کے ابتدائی مراحل میں اگرچہ کم عمر بچوں کی شادیوں میں کمی

دیکھی گئی لیکن لاک ڈاؤن کے تیسرے اور چوتھے مرحلے کے دوران 18 سال سے کم عمر لڑکیوں اور 21 سال سے کم عمر لڑکوں کی شادی کے واقعات میں اضافہ ریکارڈ کیا گیا۔

کویڈ 19 کی وباء جیسے جیسے پھیلتی گئی ویسے ہی لاک ڈاؤن اسمارٹ لاک ڈاؤن سے تبدیل ہوتا گیا۔ اس کے علاوہ لاک ڈاؤن کے تیسرے مرحلے کے شروع ہوتے ہوتے کئی افراد روزگار سے محروم ہو گئے۔ لوگوں کی آمدنی کے ذرائع غیر یقینی کیفیت کا شکار ہو گئے۔

خاص طور پر سماج کے پچھڑے طبقات ان حالات سے بری طرح متاثر ہو گئے اور اسی سارے پس منظر میں غریب و پسماندہ خاندان غیر یقینی معاشی حالات اور مستقبل کی فکروں سے متاثر ہو کر بطور سرپرست اپنے بچوں کی ذمہ داریوں، خاص کر شادیوں کو سرانجام دینے لگے۔

یونیسیف کے سروے میں شامل 65 فیصد ماؤں نے بتلایا کہ ان کے ہاں 18 سال سے کم عمر لڑکیاں ہیں جن کی وہ لاک ڈاؤن کے تیسرے مرحلے تک بھی شادی نہیں کر سکے۔

شہری علاقوں میں آباد 4.6 فیصد لوگوں نے بتلایا کہ لاک ڈاؤن کے دوران ان کی لڑکیوں کی یا تو شادیاں ہو چکی ہیں یا شادی طئے پا چکی ہیں۔ (یہ وہ لڑکیاں ہیں جن کی عمریں 18 سال سے کم ہیں) دیہی علاقوں کے سروے میں یہ شرح 3.7 فیصد ریکارڈ کی گئی۔ لاک ڈاؤن کے چوتھے مرحلے کے دوران 18 سال سے کم عمر بچوں ی شادی کی شرح شہری علاقوں میں 6.8 فیصد اور دیہی علاقوں میں 5.4 فیصد تک بڑھ گئی تھی۔

خواتین اور بچوں کے خلاف مظالم میں اضافہ

چھ سے 19 برس کے بچوں کی ایک تہائی ایسی ماؤں نے جو یونیسیف کے سروے میں

شریک تھی بتلایا کہ انہوں نے خواتین کے اور بچوں کے خلاف تشدد کے واقعات دیکھے اور سنے ہیں جو لاک ڈاؤن کے دوران پیش آئے تھے۔

دسمبر 2020ء کے مہینے میں جب لاک ڈاؤن کا چوتھا مرحلہ چل رہا تھا خواتین اور بچوں کے خلاف مظالم میں اضافہ (دیکھنے اور سننے میں آنے والے واقعات) دیہی علاقوں میں 33.9 فیصد اور شہری علاقوں میں 32.7 فیصد رہا۔ بحیثیت مجموعی بچوں اور خواتین کے خلاف مظالم میں لاک ڈاؤن کے دوران اضافہ ریکارڈ کیا گیا۔

لاک ڈاؤن کے چوتھے مرحلے کے دوران بچہ مزدوری کی شرح میں اضافہ ریکارڈ کیا گیا ہے۔ 6 برس تا 18 برس کے بچوں کی ماؤں کے درمیان کیے گئے سروے سے پتہ چلا کہ بچوں کی آبادی کا پانچواں حصہ بچہ مزدوری میں مشغول ہے یا ان کے گھر والے بچوں کو کام پر رکھوانے کے خواہشمند ہیں۔ یہ تو دیہی علاقوں کی صورت حال تھی۔ شہری علاقوں کی آبادی میں 16 فیصد بچے یا تو بچہ مزدوری میں مصروف تھے یا ان کے گھر والے بچوں کو کام پر بھیجنے کے خواہشمند تھے۔ جن گھروں میں صدر خاندان خواتین تھیں ان گھروں میں بچوں کے کام کرنے کی شرح زیادہ رہی بہ نسبت ان گھروں کے جہاں پر مرد صدر خاندان تھے۔

(بحوالہ: Assessing Impact of the Covid-19 Pandemic on the Socio-economic situation of Vulnerable Populations (through community based monitoring (October 2021)

صفر خورا کی بچے

(Zero Dose Child)

دنیا بھر میں کئی دہائیوں سے اس بات کے لیے کوشش کی جارہی ہے کہ کم آمدنی والے ممالک میں ٹیکہ اندازی کی سہولیات فراہم ہوں۔ اس کے باوجود سال 2021 میں Gavi.org نامی ادارہ نے تخمینہ لگایا ہے کہ دنیا بھر میں 12.4 ملین بچے کسی بھی طرح کے ٹیکہ اندازی سے ہر سال محروم رہتے ہیں۔

وہ بچے جنہیں کسی طرح کا ٹیکہ نہیں دیا گیا ہو انہیں ہی صفر خورا کی بچے (Zero Dose Child) کہا جاتا ہے۔

تقریباً دو دہائی قبل عالمی سطح پر اس حوالے سے سنجیدہ کوشش شروع کی گئی جن کا مقصد دنیا بھر میں آنکھیں کھولنے والے ہر بچے کی ٹیکہ اندازی کی جائے۔

لیکن 1990 سے ٹیکہ اندازی کو کم آمدنی والے ملکوں میں فروغ دینے کی کوششوں میں جمود آ گیا۔ آج بھی دنیا کے غریب ممالک کو ٹیکوں کو حاصل کرنے کے لیے طویل انتظار کرنا پڑتا ہے یا انہیں ٹیکہ ہی نہیں فراہم کیا جاتا۔ دنیا کے امیر مالدار ممالک سب سے پہلے ٹیکے حاصل کرتے ہیں۔

جو ٹیکے امیر ملکوں میں دستیاب ہیں، ان کے لیے دنیا کے غریب ملکوں کو اوسطاً سات برسوں تک انتظار کرنا پڑتا ہے۔ دنیا کے غریب ممالک ان ٹیکوں کو حاصل کرنا ضروری ہے

کیوں کہ ان ٹیکوں کے بغیر وہ جان لیوا بیماریوں سے محفوظ نہیں رہ سکتے۔ اور یہاں تک کہ غریب ممالک کے بچے خسرہ، پولیو اور نمونیا جیسی بیماریوں سے بھی محفوظ نہیں رہتے اور اس کی بھاری قیمت چکاتے ہیں۔

صفر خوراکی بچوں کی 50 فیصد تعداد تین اہم جغرافیائی خطوں میں قیام کرتی ہے۔ شہری علاقے، دور دراز مقیم آبادیاں اور تنازعات میں گھری آبادیاں۔

حالانکہ گذشتہ دو دہائیوں کے دوران ٹیکہ اندازی کے میدان میں جو کامیابیاں حاصل ہوئی ہیں اس کا تو جشن منایا جانا چاہیے۔ گذشتہ دس برسوں میں جس طرح سے ٹیکہ اندازی کی شرح میں اضافہ ہوا ہے اس کی بنیادوں پر بیس برسوں کی ترقی ممکن ہے۔ کم آمدنی والے ملکوں میں 78 فیصد بچوں کو سال 2020 میں معمول کے ٹیکے لگوائے گئے ہیں۔ حالانکہ اس برس کوویڈ 19 نے اپنی تباہی پھیلانا شروع کر دیا تھا۔ سال 2000 کے مقابل میں یہ شرح 59 فیصد زیادہ ہے۔

دنیا بھر میں ٹیکہ اندازی کے 500 نئے پروگرام شروع کیے گئے۔ کم آمدنی والے ملکوں میں ٹیکہ اندازی کی مدد سے قابل علاج بیماریوں سے مرنے والے بچوں کی اموات میں 70 فیصد گراوٹ آئی ہے۔ کئی ملین بچے ٹیکہ اندازی کے بعد بیماریوں سے محفوظ رہ کر اپنی زندگی کا سفر آگے طئے کر رہے ہیں۔ اس ہدف کی تکمیل میں کئی ایک سرکاری، غیر سرکاری اداروں اور اقوام متحدہ کے مختلف اداروں کی مشترکہ کاوشیں رہی ہیں۔

اس کے باوجود آج بھی کئی ملین بچے ایسے ہیں جو ٹیکوں سے محروم ہیں۔ سال 2020 میں لگائے گئے تخمینہ کے مطابق 72.5 ملین بچوں میں سے 12.4 ملین بچے ایسے ہیں جن کا تعلق کم آمدنی والے ممالک سے ہے اور جنہیں ایک بھی ٹیکہ نہیں لگا ہے۔ یہ بچے کسی بھی جان لیوا بیماری کا شکار ہو سکتے ہیں جن سے محفوظ رہنے کے لیے حالانکہ صرف ایک ٹیکہ کافی ہوتا ہے۔

صحافت برائے صحت مصنف: محمد مصطفیٰ علی سروری

دنیا بھر میں ہر سال موت کے منہ میں جانے والے بچوں کی نصف تعداد ایسی ہے جن کی زندگی کو صرف ٹیکے دے کر محفوظ بنایا جا سکتا ہے۔ مختلف عالمی اداروں اور صحت کے متعلق سرگرم عمل تنظیموں نے صفر خوراکی بچوں کی تعداد کو سال 2025 تک 25 فیصد اور سال 2030 تک 30 فیصد تک کم کرنے کا ہدف مقرر کیا جو کہ دیر پا ترقی کے حصول کے مقاصد کی تکمیل کی بھی مدت ہے۔

نظر انداز کردہ طبقات:

ٹیکوں سے محروم بچوں تک ٹیکہ اندازی پہنچانے کا مطلب ان لوگوں تک ٹیکہ کی رسائی کو یقینی بنانا ہے جو ابھی تک ٹیکہ اندازی کے عمل میں شامل نہیں۔ یہ نظر انداز کردہ طبقات مستقبل میں کسی بھی وبائی مرض کے پھیلاؤ کا مرکز بن سکتے ہیں۔ یہ طبقات بنیادی سہولیات سے بھی محروم ہوتے ہیں اور ساتھ ہی جنسی عدم مساوات کا بھی شکار رہتے ہیں۔

صفر خوراکی بچوں کی دو تہائی تعداد ایسے گھرانوں سے تعلق رکھتی ہے جو یومیہ 1.90 ڈالر پر گذارہ کرتے ہیں۔ جو کہ عالمی سطح پر غربت کی پیمائش کا معیار ہے۔ ان بچوں کی دو تہائی مائیں بچوں کی قبل از وقت پیدائش کے وقت بحیثیت ماں طبی سہولیات سے محروم ہوتی ہیں اور انہیں زچگی کے دوران بھی کسی طرح کی ماہرانہ مدد نہیں ملتی ہے۔ ان کے گھروں میں پینے کا صاف پانی بھی میسر نہیں رہتا اور نہ ہی بیت الخلاء کی سہولت رہتی ہے۔ اس طرح سارے مسائل کے ساتھ صفر خوراکی بھی ان کا ایک مسئلہ ہے۔

اس لیے صرف صفر خوراکی بچوں کا مسئلہ تنہاء حل نہیں کیا جا سکتا جب تک ان نظر انداز کردہ طبقات کو درپیش دیگر مسائل کا حل نہ نکالا جائے۔ اس ضمن میں حکومتوں، بین الاقوامی

اداروں اور شہری سماج ہر ایک کو مشترکہ طور پر کام کرنا ہوگا۔ کیوں کہ ان طبقات کو ٹیکہ اندازی کے ساتھ ساتھ تغذیہ بخش غذا، پینے کا صاف پانی، تعلیم بھی ملنا ضروری ہے۔

کویڈ 19 کے اثرات

کویڈ کی وباء نے صفر خوراکی بچوں کے مسائل کو مزید سنگین بنا دیا ہے۔ اگر ٹیکہ اندازی نہ کی جائے تو دو دہائیوں کی ترقی متاثر ہو سکتی ہے۔ کویڈ کی وباء نے صفر خوراکی بچوں کے مسئلہ کو مزید سنگین بنا دیا ہے۔ مالی عدم مساوات، پہلے سے محدود طبی سہولیات کو بھی کویڈ سے نمٹنے کے لیے استعمال کیا جا رہا ہے۔ ٹیکوں کی بڑھتی طلب نے بھی صورت حال کو متاثر کر دیا ہے۔

ایسے میں صفر خوراکی طبقات تک رسائی اور بھی اہمیت اختیار کر جاتی ہے۔

کویڈ 19 کی وباء نے جہاں کئی مسائل پیدا کیے ہیں وہیں پر نئے مواقع بھی میسر آئے ہیں۔ دنیا بھر میں حکومتیں کویڈ سے مقابلہ کرنے کے لیے کوشاں ہے۔ ایسے میں صفر خوراکی طبقات اور نظر انداز کردہ علاقوں پر توجہ دی جا رہی ہے۔ تو امید بندھتی ہے کہ صفر خوراکی بچوں کو بھی ٹیکہ لگوائے جائیں گے تاکہ کویڈ کی وباء ان کے ذریعہ سے دوسرے طبقات تک پھیل نہ سکے۔

صفر خوراکی بچے کہاں قیام کرتے ہیں؟

تحقیق سے یہ بات سامنے آئی ہے کہ صفر خوراکی بچوں کی تقریباً 50 فیصد تعداد تین طرح کے جغرافیائی خطوں میں رہتی ہے۔ شہری علاقوں میں

دور دراز علاقوں کی آبادیوں میں تنازعات میں گھرے علاقے

سال 2019 میں کیے گئے سروے سے یہ بات سامنے آئی ہے کہ صفر خوراکی بچوں کی دو تہائی تعداد دنیا کے پانچ ملکوں میں رہتی ہے۔

1. نائیجیریا 2. ہندوستان

3. ڈیموکریٹک ری پبلک آف کانگو

4. پاکستان 5. ایتھوپیا

صفر خوراکی بچوں کی 18 فیصد تعداد تنازعات میں گھرے ملکوں میں قیام کرتی ہے۔

کانگو اور ایتھوپیا میں صفر خوراکی بچوں کی اکثریت دور دراز علاقوں کی آبادیوں میں ہے۔ جبکہ تنازعات سے متاثرہ ملک کے طور پر نائیجیریا میں صفر خوراکی بچوں کی اکثریت ہے۔

صفر خوراکی بچوں کی ٹیکہ اندازی:

صفر خوراکی بچوں کی ٹیکہ اندازی کو یقینی بنانے کے لیے کوئی ایک واحد طریقہ کار نہیں ہوسکتا ہے۔ مختلف ملکوں میں طریقہ کار مختلف ہوگا اور ملکوں میں بھی آبادیوں کے پس منظر کے حساب سے لائحہ عمل طئے ہوگا۔

سال 2020 کے دوران لگائے گئے ایک تخمینہ کے مطابق دنیا بھر میں 17 ملین بچے ایسے تھے جنہیں صفر ٹیکہ لگوائے گئے تھے۔ ماہرین کے مطابق کوویڈ 19 سے جس طرح معمول کی ٹیکہ اندازی کی مہم متاثر ہوئی ہے اس سے دنیا بھر میں ٹیکہ اندازی کا پروگرام گویا 15 برس پیچھے چلا گیا ہے۔

حالانکہ ٹیکہ اندازی کا ایجنڈا 2030 تک عالمی سطح پر ہر ایک کے لیے ٹیکوں کی دستیابی کو یقینی بنانے کے لیے طئے کیا گیا تھا۔ کوویڈ 19 کی وباء نے معمول کی زندگی کو اور معمول کی ٹیکہ اندازی کو بری طرح متاثر کر دیا ہے۔ سال 2020 اور 2021 کے دوران ٹیکہ اندازی کی مہم میں جو خلل آ گیا اس کی وجہ سے یونیسیف کی ایک رپورٹ کے مطابق 25 ملین بچے معمول کی

ٹیکہ اندازی سے محروم ہو گئے۔ سال 2019 کے مقابل یہ تعداد 6 ملین کا بڑھ گئی ہے۔

سال 2008 کے بعد یہ صفر خوراکی بچوں کی سب سے بڑی تعداد ہے۔ سال 2019 میں صفر خوراکی بچوں کی تعدد 13 ملین تھی جس میں 5 ملین کا اضافہ ہو کر یہ 18 ملین تک جا پہنچی۔

سال 2021 کے دوران خسرہ سے محفوظ رکھنے والے ٹیکہ کی پہلی خوراک لینے کی شرح میں 81 فیصد گراوٹ آئی۔

15 ملین بچے ایسے تھے جنہوں نے خسرہ کی صرف پہلی خوراک لی اور دوسری خوراک نہیں لے سکے۔ ماہرین کے مطابق کم سے کم دو خوراک لینے والے بچے خسرہ سے محفوظ رہتے ہیں۔

کوویڈ 19 کے بعد کیے جانے والے تجزیوں سے اب حقیقی صورت حال واضح ہوتی جا رہی ہے کہ کوویڈ کی وباء کے ابتدائی مہینوں کے دوران جب ساری دنیا میں معمول کی زندگی تھم گئی تھی اس کا اثر عالمی سطح پر ٹیکہ اندازی کے کام پر کیسے مرتب ہوا۔

یوں تو دنیا بھر میں معمول کی ٹیکہ اندازی کی مہم اور پروگرام متاثر ہوئے لیکن عالمی ادارہ صحت کے مطابق جنوب مشرقی ایشیاء کی اقوام سب سے زیادہ متاثر ہوئی جہاں پر ٹیکہ اندازی کے معمول کی شرح میں 9 فیصد گراوٹ ریکارڈ کی گئی۔ جبکہ مغربی بحرالکاہل کے علاقے میں یہ گراوٹ 4 فیصد اور مشرقی بحیرۂ روم کے علاقے میں معمول کی ٹیکہ اندازی کی مہم میں 3 فیصد گراوٹ ریکارڈ کی گئی۔ یوروپ میں معمول کی ٹیکہ اندازی میں ایک فیصد کی کمی سامنے آئی۔

دنیا بھر میں منصوبہ بنایا گیا تھا کہ سال 2030 تک صفر خوراکی بچوں کی تعداد کو کم کر

کے 50 فیصد تک گھٹا دیا جائے لیکن اب اس ہدف کا حصول مشکل نظر آ رہا ہے۔

اس کے علاوہ سال 2030 تک آبادی میں ہونے والے اضافہ کو بھی اہم رکاوٹ مانا جارہا ہے۔ اقوام متحدہ کے آبادی سے متعلق محکمے کے مطابق صرف آفریقی ممالک میں آبادی میں 40 ملین سے زیادہ کے اضافہ کی امید ہے۔ براعظم افریقہ میں ٹیکہ اندازی کی شرح بہت کم ہے اور وہاں کا صحت کا نظام بھی بہت ہی کمزور مانا جاتا ہے۔

سال 2021 کے دوران صفر خوراک کے حوالے سے سرفہرست 10 ممالک میں 11 ملین بچے صفر خوراک لیے ہیں۔ جبکہ صفر خوراک لینے والے بچوں کی جملہ تعداد 18 ملین تھی۔

یونیسیف کی رپورٹ کے مطابق ہندوستان، انڈونیشیاء، فلپائن اور میانمار ایسے ممالک تھے جہاں پر گذشتہ کچھ برسوں کے دوران بغیر ٹیکہ اندازی کے بچوں کی تعداد میں خاصا اضافہ ہوا ہے۔ اور اس طرح کے صفر خوراکی بچوں کی بڑھتی ہوئی تعداد حکومتوں، صحت کے میدان میں سرگرم عمل اداروں اور خود یونیسیف کے لیے ایک بڑا چیالنج ہے۔ اس چیالنج سے نمٹنے کے لیے ہر ایک کو انفرادی طور پر اور اجتماعی طور پر ہر دو صورتوں میں کام کرنا ہوگا۔ تبھی جا کر Immunization Agenda 2030 (IA2030) کا ہدف حاصل کیا جاسکے گا۔

صفر خوراکی بچے ان بیماریوں سے زیادہ متاثر ہو سکتے ہیں جن کو ٹیکہ اندازی کی مدد سے روکا جاسکتا ہے۔ ساتھ ہی وہ دیگر وبائی امراض سے متاثر ہو سکتے ہیں۔ اور پھر دوسروں تک ان بیماریوں کے پھیلاؤ کا سبب بھی بن سکتے ہیں۔

ٹیکہ اندازی کی تاریخ

دنیا کا پہلا ٹیکہ

چیچک کی بیماری کا ہی بنایا گیا مورخین اور طبی محققین چیچک کی بیماری کو بعض اوقات Indian Plaque سے بھی تعبیر کرتے ہیں اور تاریخ کی کتابوں میں لکھا ہے کہ 1545ء میں جب چیچک گواء میں پھیلی تو 8000 بچوں کی اموات واقع ہوگئی تھی۔

بعض شواہد ایسے بھی ملتے ہیں کہ دنیا میں سب سے پہلے ٹیکہ لگانے کی روایت 1000ء میں چین، ہندوستان، ترکی اور افریقہ میں ملتی ہے۔ جس کے دوران انفیکشن کے جرثومے صحت مند انسان کے جسم میں داخل کیے جاتے تھے جس سے وہ معمولی طور پر اس مرض سے متاثر ہوکر طویل مدت میں چیچک کی بیماری سے لڑنے کے قابل ہوجاتا تھا۔ ہندوستان میں بھی اس کی کئی ایک مثالیں ملتی ہیں۔

Inoculation کے دوران اسمال پاکس چیچک کے جراثیم صحت مند انسان کو دیئے جاتے ہیں تاکہ آگے چل کر چیچک کی بیماری سے محفوظ رہ سکے۔ 1804ء میں بنگال پریسڈنسی نے ہندوستانیوں میں چیچک سے محفوظ رہنے کے لیے اس طرح کے طریقے علاج پر پابندی لگادی تھی لیکن ممبئی کے علاوہ بنگال میں اس طرح کا عمل لوگوں میں عام تھا۔

1767ء میں ڈاکٹر John Zephaniah Holwell نے رائل کالج آف فزیشن کے صدر کو لندن میں ہندوستانیوں کی جانب سے چیچک سے محفوظ رہنے کے لیے کی جانے والی

صحافت برائے صحت　　　　　　　　　　مصنف: محمد مصطفی علی سروری

ٹیکہ اندازی کی ترکیب سے متعلق تفصیلی رپورٹ میں مطلع کروایا۔لیکن کتنے ہندوستانی اس طرح کے طریقہ علاج سے استفادہ کرتے تھےاس کا کوئی ریکارڈ دستیاب نہیں ہوسکا۔

ہندوستان میں ٹیکہ اندازی کی تاریخ:

ٹیکہ اندازی بچوں کومختلف بیماریوں سے محفووظ رکھنے کا ایک مسلمہ طریقہ علاج مانا جاتا ہے۔دنیا کے تمام ممالک اپنی آبادی کے بچوں کوٹیکہ اندازی کے لیےمختلف پروگرام چلاتے ہیں۔ٹیکہ اندازی کے سبھی پروگرام خاص کر حاملہ خواتین،نومولود بچے اور کمسن بچوں پر مرکوز کیے جاتے ہیں جنہیں مختلف بیماریوں سے متاثر ہونے کے خدشات زیادہ ہوتے ہیں۔

ٹیکہ اندازی کے ذریعہ 27 ایسے بیماریوں کوروکا جاسکتا ہے جوبصورت دیگر متعدی یا جاں لیوا ثابت ہوسکتی ہیں۔

Small Pox چیچک کے خلاف سب سے پہلے 1798ء میں ٹیکہ بنایا گیا تھا۔اس ٹیکہ کی مدد سے بنی نوع انسان نے کرہ ارض پر چیچک کی بیماری کوکامیابی کے ساتھ ختم کردیا۔

حالانکہ ٹیکوں کی افادیت اوراثر پذیری سے سبھی واقف ہیں مگر حقیقت یہ ہے کہ آج بھی دنیا بھر کی آبادی کا بڑا حصہ ایسا ہے جہاں پرٹیکہ اندازی ابھی تک نہیں کی جاسکی ہے۔

ٹیکہ اندازی سے محروم بچوں کی اکثریت ترقی پذیر ممالک میں آباد ہے۔خود ہمارے ملک ہندوستان میں کیے گئے تازہ ترین سروے کے مطابق 2.7 ملین بچے ایسے ہیں جوصفر خوراکی ہیں جن تک ٹیکہ اندازی کی خوراک نہیں پہنچائی جاسکی ہے۔

(یونیسیف اورڈبلیوایچ اوسروے)

چیچک وہ پہلی بیماری ہے جس کے خلاف سب سے پہلے دنیا نے ٹیکہ بنایا ہے۔تاریخ

میں بتلایا جاتا ہے کہ دنیا بھر میں چیچک کی بیماری پر ایک نسل، مذہب اور قوم کے لوگوں کو متاثر کر رہی تھی۔ ہندوستانیوں نے اس بیماری سے علاج کا اپنا دیسی طریقہ ڈھونڈ نکالا۔ انگریزوں کی حکومت نے پہلے تو اس طریقے کو غیر سائنسی قرار دے کر پابندی لگادی اور جب 18 ویں صدی عیسوی میں یہ طریقہ یوروپ خاص کر برطانیہ پہنچا تو چیچک کی بیماری سے علاج کی خاطر اس طریقے کو ترقی دی گئی۔

Benjamin Jestey نامی ایک برطانوی کسان جو مویشی پالتا تھا نے 1774ء میں Cow Pox کے ٹیکے کو اپنی بیوی اور دو بچوں پر آزمایا اور یوں چیچک کے پہلے ٹیکے کی کھوج کی جانب قدم اٹھایا بائیس برس بعد 1796 میں Edward Jenner نے Small Pox کی ویکسین کھوجنے کی راہ ہموار کی۔

بعد میں Jenner نے اپنے تحقیقی کام کو شائع کیا جس کا عنوان "An Inquiry into the causes and effects of variolae" تھا جو 1798ء میں چھپی۔

یوں برطانیہ میں باضابطہ شکل اختیار کرنے والے چیچک کے اس ٹیکہ نے دنیا بھر میں مقبولیت حاصل کی اور 1802ء میں یہ ٹیکہ ہندوستان بھی پہنچا۔ 14/ جون 1802ء میں ممبئی Anna Dusthall نامی ایک تین سال کے بچے کو یہ ٹیکہ دیا گیا۔

(بحوالہ Small Pox, Public Health and vaccination policy in British India, orient lanyman 2006)

بعد میں یہ اس ویاکسن کو مدراس، پونے، حیدرآباد اور سورت بھیجا گیا۔

1850ء تک بھی ہندوستان میں برطانیہ سے ویکسین منگوائی جاتی رہی۔ ہندوستان میں ویاکسن کی بڑھتی ہوئی مانگ کے سبب اس وقت کی حکومت کو مختلف اقدامات کرنے پڑے۔

ویکسین ٹیکہ لگوانے کا کام باضابطہ طور پر تربیت یافتہ ٹیکہ کار کام کرتے تھے جن کو (Travelling vaccinators) بھی کہا جاتا تھا۔ یہ لوگ مختلف علاقوں میں گھوم گھوم کر ٹیکہ اندازی انجام دیتے تھے۔ان کے پاس باضابطہ اجازت نامہ، لائسنس ہوا کرتا تھا۔ چونکہ ان لوگوں کو حکومت کی جانب سے کوئی ادائیگی نہیں کی جاتی ہے تو یہ لوگ ٹیکہ اندازی کے بعد لوگوں سے فیس وصول کرتے تھے۔اس وجہ سے وہ لوگ جو غریب تھے اور فیس نہیں دے سکتے تھے وہ ٹیکہ نہیں لگواتے تھے۔ بعد میں ٹیکہ اندازی کو یقینی نبانے کے لیے صوبائی حکومتوں کی جانب سے ٹیکہ اندازی کرنے والے تربیت یافتہ عملے کو تنخواہیں دی جانے لگیں۔

1892ء میں حکومت نے لازمی ٹیکہ اندازی کا ایکٹ Th Compulsary Vaccination Act نافذ کردیا۔ تاکہ Small Pox کو ختم کرنے کی کوششوں میں کامیابی حاصل کرسکے۔لیکن یہ قانون کاغذ تک ہی محدود رہا۔صرف وباء کے وقت اس پر عمل آوری کے بارے میں کام ہوتا۔

سرکاری ریکارڈز کے مطابق 1938ء تک برٹش انڈیا کے تقریباً 80 فیصدی اضلاع میں یہ قانون نافذ العمل تھا۔

چیچک کے علاج کے لیے استعمال کیا جانے والا مادہ یا دوا کسی کارخانہ میں تیار نہیں جاتی تھی بلکہ گائے کو چیچک کی دوا دیئے جانے کے بعد ان کے Lymph سے حاصل کیا جاتا تھا۔ اس طرح باضابطہ طور پر گایوں کے ایسے فارمس بنائے جاتے تھتے جہاں گایوں کو چیچک کے خلاف دوا دے کر ان کے Lymph سے مادہ حاصل کر کے اسے انسانی جسم میں داخل کیا جاتا تھا۔

1832ء میں ممبئی میں Lymph پر تجربات شروع ہو گئے تا کہ اندرون ملک ٹیکہ تیار

کیا جاسکے۔ 1879ء میں مدراس میں بھی کام شروع ہوا۔ ہندوستان میں ٹیکوں کی صرف تیاری ہی مسئلہ نہیں تھی بلکہ ان کی ایک جگہ سے دوسری جگہ منتقلی بھی ایک مسئلہ تھا۔ بعد میں گلیسرین کے مواد کے ساتھ ٹیکوں کو محفوظ رکھ کر ایک جگہ سے دوسری جگہ لے جانے کا کام کیا جانے لگا۔

1895ء میں گلیسرین ٹیکوں کو منتقل کرنے کا موثر طریقہ تسلیم کرلیا گیا۔اس کے علاوہ Vaseline اور Lanoline کو ٹیکوں کو محفوظ طریقے سے ایک جگہ سے دوسری جگہ لے جانے کے لیے مؤثر مانا جانے لگا۔ اس عرصے کے دوران بنگال میں ہیضہ کی وباء پھوٹ پڑی جو بعد میں ہندوستان کے دیگر حصوں میں بھی پھیل گئی۔

برطانوی حکومت کی سفارش پر حکومت ہند نے ڈاکٹر Haffkine کو ہندوستان آنے اور ہیضہ کے ٹیکے کے تجربات ہندوستان میں کرنے کی اجازت دے دی۔

1893ء میں ڈاکٹر ہیفکن نے ہیضے (Cholera) کے ٹیکوں کی آزمائش شروع کردی۔ آگرہ، اتر پردیش میں تجربات کر کے ڈاکٹر ہیفکن نے ہیضہ کی وباء پر ٹیکوں سے قابو پالینے کا دعویٰ کیا۔

1896ء میں ہندوستان میں طاعون (Plaque) کی وباء پھوٹ پڑی۔ اس وقت کی حکومت نے Epidemic Act بنایا اور ڈاکٹر ہیفکن کو ممبئی میں طاعون کے خلاف ٹیکہ تیار کرنے انفراسٹرکچر فراہم کیا۔ 1897ء میں ڈاکٹر نے طاعون کے خلاف بھی ٹیکہ تیار کرلیا۔ اس طاعون کے ٹیکہ کو ہندوستان میں تیار کیا جانے والے پہلے ٹیکہ کا بھی موقف حاصل ہے۔

1902ء میں جب پنجاب میں پلیگ کی وباء پھیلی تو وہاں پر بھی ڈاکٹر Haffkine کی ویاکسن لوگوں کو دی گئی لیکن وہاں پر ٹیکہ لگانے کے بعد چند لوگوں کی اموات واقع ہوگئیں جس کے نتیجے میں ڈاکٹر ہیفکین کو ہٹا دیا گیا۔ ہندوستان میں ویاکسن لگوانے کے بعد پیش آنے

والے ناگہانی واقعات Adverse Event Following Immunization (AEFI) کو ملک میں ریکارڈ کیے جانے والے پہلے ناگہانی حالات سے تعبیر کیا جاتا ہے۔ جن کا باضابطہ طور پر ریکارڈ بھی موجود ہے۔ پلیگ کے خلاف لڑائی میں ان ناگہانی حالات کا بہت زیادہ منفی اثر مرتب ہوا۔

بیسویں صدی کے آغاز تک ہمارے ملک ہندوستان میں کم سے کم چار ویکسین موجود تھے۔ چیچک کا ٹیکہ، ہیضہ کا ٹیکہ، طاعون کا ٹیکہ اور ٹائیفائیڈ کا ٹیکہ۔

1977ء میں ہندوستان کو چیچک سے پاک قرار دیا گیا۔ 1978ء میں BCG، DPT، OPV اور ٹائیفائیڈ، پیراٹائیفائیڈ ٹیکوں کو ملک بھر میں متعارف کروایا گیا۔

19 رنومبر 1985ء کو ہندوستان میں Universal Immunization Programme شروع کیا گیا۔ 1986ء میں ٹیکہ اندازی کی مہم کو اس وقت ایک نئی تحریک ملی اور توانائی میسر آئی جب ٹیکہ اندازی کو وزیر اعظم کے بیس 20 نکاتی پروگرام میں شامل کیا گیا۔

پولیو کیا ہے؟

پولیو ایک انتہائی متعدی اور وائرس سے پھیلنے والی بیماری ہے جو عام طور پر پانچ برس کی عمر کے بچوں کو متاثر کرتی ہے۔ پولیو کا وائرس ایک شخص سے دوسرے شخص میں منتقل ہوسکتا ہے۔ یہ پاخانے کے یا منہ کے راستے سے پھیلتا ہے۔ اس کے علاوہ پولیو کا وائرس آلودہ پانی اور خوراک کے ذریعہ بھی پھیل سکتا ہے۔ جب یہ وائرس انسانی جسم میں داخل ہوتا ہے تو انسانی آنتوں میں پھلنا پھولنا شروع کردیتا ہے جہاں سے جسم کے اعصابی نظام پر حملہ آور ہوکر فالج کا باعث بنتا ہے۔

پولیو کے علامات:۔ عام طور پر پولیو کے متاثر بچے میں بخار، شدید تھکاوٹ، سر درد، متلی قئے، گردن کا اکڑ جانا اور اعصابی درد کا ہنا بھی شامل ہے۔ بعض مریضوں میں پولیو وائرس اعصابی نظام پر حملہ کر کے جسم کو فالج کا شکار بنا دیتا ہے اور خاص بات یہ ہے کہ پولیو سے ہونے والا فالج مستقل معذوری کا سبب بن جاتا ہے۔ پولیو کا کوئی علاج نہیں ہے۔ اس سے بچاؤ کا اکلوتا طریقہ پولیو سے بچاؤ کے لیے ٹیکہ لینا ہے۔

پولیو کی تاریخ:۔ بیسویں صدی کے آغاز میں پولیو صنعتی ملکوں میں بھی ایک ایسی بیماری کا نام تھا جس سے سب لوگ خوب میں مبتلا تھے۔ اس بیماری کی وجہ سے ہر برس لاکھوں بچے عمر بھر کے لیے معذور بن جاتے تھے۔ 1950ء اور 1960ء کی دہائیوں میں پولیو کی ویاکسن دریافت ہوئی جس سے پولیو پر قابو ممکن ہوا۔ صنعتی ملکوں نے پولیو کے خلاف ہنگامی بنیادوں پر لڑائی لڑی اور بالآخر صنعتی ملکوں سے اس بیماری کا مکمل خاتمہ ہو گیا۔

1970ء کے ایک سروے سے پتہ چلا کہ ترقی پذیر ممالک میں پولیو نہ صرف موجود ہے بلکہ ایک سنگین مسئلہ بھی ہے۔ 1989ء میں پولیو کے خاتمہ کے لیے عالمی سطح پر اقدامات کا آغاز ہوا۔ اس وقت اندازہ لگایا گیا کہ پولیو کے وائرس سے ہر گذرتے دن کے ساتھ ایک ہزار بچے مفلوج ہو رہے تھے لیکن عالمی سطح پر پولیو کے خلاف میں سبھی کو نمایاں کامیابی ملی اور 2.5 بلین بچوں میں ویکسین کے ذریعہ پولیو کے خلاف مدافعت پیدا کی گئی۔ اس نشانے کو حاصل کرنے کے لیے 200 ملکوں کے 20 ملین رضا کاروں نے 11 بلین ڈالر کے بجٹ سے کام کیا۔

آج دنیا بھر میں صرف 3 ممالک ایسے ہیں جہاں پولیو کے وائرس پر مکمل قابو نہیں پایا جاسکا۔ (1) پاکستان، (2) افغانستان، (3) نائجیریا

صحافت برائے صحت　　　　مصنف: محمد مصطفی علی سروری

پولیوکس کو ہوسکتا ہے:۔　جس فرد یا بچے کو ٹیکہ نہیں لگوایا گیا وہ اپنی عمر کے کسی بھی حصے میں پولیو سے متاثر ہوسکتا ہے۔ جن گھروں میں مکینوں نے ٹیکہ نہیں لگوایا ہے وہاں پر پولیو سے متاثر ہونے کے خدشات بڑھ جاتے ہیں۔ بعض دفعہ پولیو سے متاثرہ افراد میں کوئی علامات ظاہر نہیں ہوتی ہیں لیکن وہ دوسروں کو اس سے متاثر کر سکتے ہیں۔

یعنی پولیو وائرس ان لوگوں سے بھی پھیل سکتا ہے جو اس کے انفیکشن سے متاثر ہیں لیکن خود ان میں کوئی علامات نہیں ہے۔ پولیو وائرس کافی متعدی ہے جو لوگ اس کے انفکشن سے متاثر ہوتے ہیں وہ تین ہفتوں تک وائرس پھیلا سکتے ہیں۔

لوئیس پاسچر کا تعارف:۔

فرانسیسی کیمیا دان اور ماہر حیاتیات لوئیس پاسچر طب کی تاریخ میں ایک انتہائی ممتاز شخصیت تسلیم کیا جاتا ہے۔ پاسچر نے سائنس میں متعدد اضافے کیے' لیکن اس کی اصل وجہ شہرت اس کا جراثیموں کے نظریہ کی تشکیل اور مدافعتی حربہ کے طور پر ٹیکہ لگانے کے طریقہ کار میں اضافے کے باعث ہے۔ 1822ء میں پاسچر مشرقی فرانس کے قصبہ ڈولی میں پیدا ہوا۔ پیرس میں کالج کے طالب علم کے طور پر اس نے سائنس کا مطالعہ کیا۔ دور طالب علمی میں اس کا خداداد جوہر صحیح طور پر ابھر کر سامنے آیا۔ درحقیقت تب اس کے ایک استاد نے ''کیمیا'' کے مضمون میں اس کے بارے میں رائے لکھی۔ 'درمیانے درجے کا'۔ تاہم 1847ء میں ڈاکٹریٹ کی ڈگری حاصل کرنے کے بعد پاسچر نے اپنے استاد کی رائے کو غلط ثابت کر دیا۔ اس نے اپنی توجہ تخمیر کے عمل کی طرف مبذول کی' پھر یہ ثابت کیا کہ یہ عمل خاص وضع کے ننھے ننھے اجسام کے سبب پیدا ہوتا ہے۔ اس نے اس کا تجزیاتی مظاہرہ بھی کیا کہ ایسے ہی

ننھے اجسام کی دیگر انواع ان تخمیر شدہ مشروبات میں خلاف منشا اجزاء بھی پیدا کر سکتی ہے۔ اس سے وہ اس خیال تک پہنچا کہ ان اقسام اصغر کی چند خاص انواع انسانوں اور جانوروں میں بھی ایسے ہی ناپسندیدہ اجزاء اور اثرات پیدا کر سکتی ہیں۔ تاہم پاسچر پہلا سائنس دان نہیں تھا جس نے جراثیموں کا نظریہ پیش کیا۔

اگر بیماریوں کا سبب جراثیم ہیں تو پھر یہ امر منطقی معلوم ہوتا ہے کہ مضرت رساں جراثیموں کے انسانی جسم میں داخلے پر بندش استوار کرنے سے بیماریوں سے بچا جا سکتا ہے۔ لہٰذا پاسچر نے طبیبوں کو جراثیم کش حربوں کی افادیت پر قائل کیا' اسی کے خیالات سے متاثر ہو کر جوزف لسٹر نے 'سرجری' کے عمل میں جراثیم کش طریقہ ہائے کار متعارف کروائے۔ ضرر رساں بیکٹیریا خوراک اور مشروبات کے ذریعے انسانی جسم میں داخل ہو سکتا ہے۔ پاسچر نے ایک طریقہ کار وضع کیا جسے 'پاسچرائیزیشن' کہا جاتا ہے۔ اس کے ذریعے مشروبات میں ان جراثیموں کو تباہ کیا جا سکتا تھا۔ اس طریقہ کار کا اطلاق کیا گیا تو اس نے خراب دودھ کو قطعاً رد کر دیا' کیونکہ وہ مضر صحت ثابت ہوا تھا۔ عمر کی پانچویں دھائی میں اس نے ''دنبل'' جیسی بیماری پر تحقیق شروع کی۔ یہ ایک سنگین متعدی بیماری ہے' جو مویشیوں اور دیگر جانوروں پر حملہ آور ہوتی ہے' اس کا شکار انسان بھی ہوتا ہے۔ پاسچر یہ ثابت کرنے میں کامیاب ہو گیا کہ بیکٹیریا کی ایک خاص نوع اس بیماری کی اصل ذمہ دار تھی۔ تاہم اس کی کہیں زیادہ اہم ایجاد یہ طریقہ کار تھا' جس کے ذریعے اس نے 'دنبل' کے جراثیموں کا ایک کمزور گروہ پیدا کیا۔ پھر اسے مویشیوں میں ٹیکے کے ذریعے داخل کیا۔ ان کمزور جراثیموں نے بیماری کی نحیف سی علامات پیدا کیں، جو مہلک نہیں تھیں، لیکن جس کا نتیجہ یہ نکلا کہ مویشی کے دفاعی نظام نے بیماری کی معمولی صورت کے خلاف ایک طاقت ور محاذ پیدا کر لیا۔ پاسچر کی سب سے معروف ایجاد یہ ہے کہ اس نے

''جنون سگ گزیدگی'' جیسی موذی بیماری کے خلاف ٹیکے کے ذریعے بیماریوں کا علاج ممکن بنایا۔ پاسچر کے ان بنیادی نظریات کو استعمال کر کے دیگر سائنس دانوں نے متعدد سنگین بیماریوں کے خلاف جراثیم کش ٹیکے ایجاد کیے' جیسے وبائی ٹائفس اور بچوں کا فالج وغیرہ۔ پاسچر غیر معمولی طور پر محنتی انسان تھا۔اس نے ان کے علاوہ بھی متعدد کم اہم' مگر مفید نظریات پیش کیے۔ یہ اسی کے تجربات کے سبب ہوا کہ لوگوں نے جانا جراثیم بے ساختہ طور پر تولد نہیں ہوتے۔ انیسویں صدی کے دوسرے نصف میں دنیا بھر میں انسانی زندگی کی شرح دگنی ہو گئی۔تاہم پاسچر کی ایجادات اس قدر بنیادی نوعیت کی ہیں کہ اس امر میں شک کی گنجائش باقی نہیں رہتی کہ گزشتہ صدی میں واقع ہونے والی شرح اموات میں کمی کے ذمہ داران میں سب سے زیادہ حصہ پاسچر ہی کا ہے، یہی وجہ ہے کہ اسے اس فہرست میں ایک ممتاز درجہ دیا گیا ہے۔

(بشکریہ ریڈیو ویری تاس ایشیاء)

اینٹی بائیوٹک مزاحمت کیا ہے

Antibiotic Resistance

عزیز طالب علموں اینٹی بائیوٹک مزاحمت کیا ہے یہ پڑھنے سے پہلے ضروری ہے کہ اینٹی بائیوٹک کیا ہے اس کے متعلق جانکاری حاصل کی جائے۔ اینٹی بائیوٹک ادویات کا ایسا گروپ ہے جو ڈاکٹرس، مریضوں، بیکٹیریا سے لاحق ہونے والے انفکشن کے علاج کے لیے تجویز کرتے ہیں۔ اینٹی بائیوٹک کی بہت ساری قسمیں ہیں۔ جیسے پینی سیلین (Penicillin) وینکو مائی سن (Vancomycin) اور میتھی سیلین (Methicillin) وغیرہ۔

اینٹی بائیوٹک کی سب سے پہلی خوراک 1928ء میں پینی سیلین (Penicillin) کے نام سے متعارف کروائی گئی تھی۔ بہت جلد اس کا بڑے پیانے پر استعمال شروع کردیا گیا۔ سال 1942 میں (Meningitis) گردن توڑ بخار کے علاج کے لیے اینٹی بائیوٹک کا استعمال شروع کیا گیا لیکن اسی برس سائنس دانوں نے پتہ لگایا کہ پینی سیلین کی دوا (Staphylococus) کے لیے کام نہیں کررہی ہے۔ یعنی انسانی جسم میں پیپ پیدا کرنے والے جرثوموں کو ختم کرنے کے لیے دی جانے والی پینی سیلین کی دوا کا کوئی اثر نہیں ہورہا ہے۔ اس کے بعد ڈاکٹرس نے جلد ہی پتہ چلالیا کہ دوا ور ایسے بیکٹیریا ہیں جن کے خاف اینٹی بائیوٹک کام نہیں کررہی ہے کیونکہ جب تحقیق کی گئی تو یہ پتہ چلا کہ ان دونوں بیکٹیریا کے اندر

بھی اینٹی بائیوٹکس کے خلاف لڑنے کی صلاحیت پیدا ہوگئی ہے۔

اینٹی بائیوٹک مزاحمت کیا ہے: اینٹی بائیوٹک مزاحمت سے مراد بیکٹیریا کو انسانی جسم سے ختم کرنے کے لیے جو ادویات اینٹی بائیوٹک کی دی جاتی ہیں انسانی جسم میں موجود بیکٹیریا ان دواؤں سے اپنے آپ کو محفوظ رکھنے کا طریقہ ڈھونڈ نکالیں یعنی ان ان ادویات کے خلاف بیکٹیریا نے اپنے اندر مزاحمت پیدا کرلی ہے جس کی وجہ سے ان ادوات کے اثرات ختم ہو جاتے ہیں۔ عام طور پر ڈاکٹرس مریضوں میں بیکٹیریا سے پیدا ہونے والے انفیکشن کو ختم کرنے کے لیے اینٹی بائیوٹک ادویات کی مدد لیتے ہیں طویل عرصے سے کی جانے والی تحقیق سے یہ بات ثابت ہوگئی ہے کہ اینٹی بائیوٹک ادویات کے مسلسل اور غیر ضروری استعمال کرنے سے اس کی اثر پذیری میں کمی واقع ہو رہی ہے۔ لوگ جتنی مرتبہ اینٹی بائیوٹک کا غیر ضروری استعمال کرتے ہیں اتنا ہی زیادہ لوگوں میں اینٹی بائیوٹک سے مزاحمت پیدا ہونے کا خطرہ بڑھ جاتا ہے۔

MRSA نام کا ایک بیکٹیریا ہے جس کو Super Bug بھی کہا جاتا ہے۔ یہ ایک ایسا بیکٹیریا ہے جو انسانی جسم میں پیپ (انفیکشن) پیدا کرنے کے لیے ذمہ دار ہے۔ یہ ایک ایسا انفیکشن ہے جس کا علاج کرنا ڈاکٹرس کے لیے ایک دردسر بن گیا ہے۔ کیونکہ اس بیکٹیریا نے اینٹی بائیوٹکس کے خلاف اپنے اندر مزاحمت پیدا کرلی ہے۔ سال 2019 کے دوران اس طرح کے انفیکشن سے متاثر ہو کر دنیا بھر میں ایک لاکھ سے زائد لوگوں کی اموات واقع ہوگئی تھیں۔

اینٹی بائیوٹک مزاحمت ایک مسئلہ کیوں؟

دراصل ڈاکٹرس کا ماننا ہے کہ اینٹی بائیوٹک کے خلاف بیکٹیریا نے جس طرح سے اپنے اندر مزاحمت پیدا کرلی ہے اس وجہ سے بیکٹیریا کے سبب پیدا ہونے والے انفیکشن کا علاج مشکل ہوتا جارہا ہے جس کی وجہ سے بیماری، موت اور طویل عرصے تک دواخانوں میں قیام کی شرح میں اضافہ ہوتا جارہا ہے۔

ہڈیوں، دل کے یا آنتوں کی سرجری جیسے آپریشن، کیموتھراپی کا علاج، ان سب کو کامیاب بنانے کے لیے اینٹی بائیوٹک ادوات کی ضرورت پڑتی ہے اور بالغرض اینٹی بائیوٹک کام نہیں کریں گے۔ یہ طریقے علاج خطرناک ہوسکتا ہے۔

اینٹی بائیوٹکس کے غلط استعمالات اور درپیش خطرات کے متعلق عوامی شعور بیداری کے مقصد سے میں نے روزنامہ منصف کے سنڈے ایڈیشن کے اپنے کالم میں اس موضوع پر قلم اٹھایا تھا۔ صحافت کے طلبہ کے لیے اسی کالم کی تحریر کو میں اس کتاب کے اگلے صفحات پر کر رہا ہوں۔

ٹیکہ اندازی جان بچاتی ہے اور میڈیا کی غیر ذمہ داری؟

مارچ کی چھ تاریخ تھی۔ شہر حیدرآباد کے ایک سرکاری دواخانہ واقع نامپلی میں لوگوں کا ہجوم تھا۔ اس ہجوم میں بڑے بھی تھے اور بچے بھی۔ اس کے علاوہ دواخانہ آنے والوں میں صحت مند بھی شامل تھے۔ جی ہاں قارئین سرکاری دواخانے کو ہر دن کی طرح اس دن بھی بہت سارے صحت مند بچے بھی لائے گئے تھے اور ان بچوں کو دواخانہ لانے کا ایک خاص مقصد تھا کہ ان بچوں کو جب وہ صحت مند ہوں اسی وقت انہیں دوا دلائی جائے جس کو استعمال کرنے کے بعد یہ صحت مند بچے اپنی زندگی میں آگے چل کر بیمار نہ ہوں۔ جی بالکل درست سمجھا آپ حضرات نے دراصل سو کے قریب چھوٹے چھوٹے بچوں کو ان کے والدین اپنے ساتھ لیے نامپلی کے دواخانے میں موجود تھے اور وہاں ان بچوں کو مستقبل میں مختلف مہلک بیماریوں سے محفوظ رکھنے کے لیے ٹیکہ اندازی کروانے اپنی باری کے منتظر تھے۔ بچوں کو ٹیکہ اندازی کے متعلق اب والدین کے درمیان خاصا شعور بیدار ہو چکا ہے۔ اس لیے بچوں کو ٹیکہ اندازی کروانا کوئی خاص بات نہیں کہ اس پر قلم اٹھایا جائے لیکن قارئین 6/مارچ کو نامپلی کے دواخانے میں جن 92 بچوں کی زندگی کو بیماریوں سے محفوظ رکھنے کے لیے ٹیکہ دیا گیا ان میں سے اکثر بچوں کی طبیعت اگلے یعنی جمعرات 7/مارچ کو اچانک بگڑنے لگی۔ جیسا کہ ڈاکٹروں نے خود بچوں کو ٹیکہ اندازی کرنے کے بعد والدین کو بتلا دیا تھا کہ اس ٹیکہ اندازی کے بعد ضروری تو نہیں لیکن بعض صورتوں میں بخار آ سکتا ہے اور جب بچوں کا جسمانی حرارت بڑھ

جائے تو انہیں بخار کی ایک گولی دینی ہے۔ یہاں تک تو سب بات معمول کے مطابق تھی۔ لیکن نامپلی دواخانے کے طبی عملے نے بچوں کو بخار سے محفوظ رکھنے کے لیے وہ دوائی دے دی جو بڑی عمر والے افراد کو دی جاتی ہے۔

محمد آصف کی عمر 23 سال ہے اور وہ فرنیچر بنانے کا کام کرتے ہیں۔ ایل بی نگر کے رہنے والے محمد آصف کے حوالے سے اخبار ٹائمز آف انڈیا نے 9/ مارچ کو ایک رپورٹ شائع کی جس کے مطابق آصف نے اپنے بچے کو 6/ مارچ کو نامپلی کے دواخانے میں ٹیکہ اندازی کروائی۔ اس کے بعد ڈاکٹروں نے انہیں Tramadol نام کی گولیاں دی اور کہا کہ اگر بچے کو بخار چڑھتا ہے تو پاؤ گولی کھلا دینا۔ آصف نے جب گھر جا کر اپنے بچے کو پاؤ گولی کھلا دی تو وہ گہری نیند میں چلا گیا اور اگلے دن ان کے بچے کو سانس لینے میں دشواری ہو رہی تھی اور وہ اپنی آنکھیں بھی نہیں کھول رہا تھا۔ آصف نے اپنے لڑکے کو فوری کتہ پیٹ کے ایک دواخانے سے رجوع کیا تو ڈاکٹر نے بچے کو مردہ قرار دے ڈالا۔ ایسے ہی بہادر پورہ کے رہنے والے ایک اور کم سن لڑکے کی دوسرے دن موت واقع ہوگئی۔ غلط دوائی دینے کے سبب ہونے والی دو بچوں کی اموات پر ملک بھر میں اخبارات اور ٹیلی ویژن چینلس نے خبریں شائع اور نشر کیں۔

قارئین آیئے ذرا ان خبروں پر بھی ایک سرسری نظر ڈالتے ہیں، جو اس واقعہ کے متعلق شائع ہوئی یا جاری کی گئیں۔ اخبار تلنگانہ ٹوڈے نے سرخی لگائی کہ غلط ٹیکہ اندازی کے سبب کم سن کی موت، 31 بچوں کو دواخانہ میں شریک کیا گیا۔ نیوز 18 نے خبر دی کہ ٹیکہ اندازی کے بعد ایک بچے کی موت۔ 2 کی حالت تشویشناک۔ خبر رساں ادارے ANI نے لکھا کہ ''ٹیکہ اندازی کے بعد ایک کم عمر بچے کی موت اور 15 زخمی''۔ جی ہاں قارئین آپ حضرات نے بالکل صحیح پڑھا ہے کہ ANI نام کے خبر رساں ادارے نے ٹیکہ اندازی کے بعد 15 بچے زخمی

ہو جانے کی سرخی کے تحت خبر جاری کر دی۔

اس مثال سے اس بات کو تقویت ملتی ہے کہ میڈیا میں غیر ذمہ داری کس قدر سرائیت کر گئی ہے کہ عجلت میں خبر رسانی کی خاطر خبروں کو کس قدر توڑ مروڑ کر اور غلط انداز میں پیش کیا جا رہا ہے۔

دوسری جانب ٹیکہ اندازی کا موضوع خود بڑا حساس ہے کیونکہ دنیا بھر میں جہاں ٹیکہ اندازی کے سبب بہت ساری جان لیوا بیماریوں سے چھٹکارا حاصل کرنا ممکن ہو سکا ہے وہیں پر ٹیکہ کاری کو لے کر بہت سارے تحفظات بھی پائے جاتے ہیں۔ مثال کے طور پر ہم پولیو کی بات کریں تو پتہ چلے گا۔ برسوں کی مسلسل اور لگا تار منصوبہ بندی کے بعد ہندوستان کو پولیو سے پاک ملک کا درجہ 27/ مارچ 2014ء کو ملا جب عالمی تنظیم صحت، ورلڈ ہیلتھ آرگنائزیشن (WHO) نے ملک کو پولیو سے پاک قرار دیا۔ 13/جنوری 2011 کے بعد ہندوستان میں پولیو کا ایک بھی کیس منظر عام پر نہیں آیا۔ اس طرح کی بڑی کامیابی کا حصول نہ حکومت کے لیے آسان کام تھا اور نہ غیر سرکاری اداروں کے لیے یہ آسان بات تھی۔

سابق میں خود مسلمانوں کا ایک بڑا طبقہ ٹیکہ اندازی کی مہم کی مخالفت کرتا رہا تھا ٹیکہ اندازی دراصل خفیہ ایجنسی کے ادارے سی آئی اے کی سازش ہے۔ جس کے تحت مسلمان بچوں کو بچپن میں ہی ٹیکہ دیکر بانجھ بنا دیا جاتا ہے۔ (بحوالہ وشواناتھ پلائے کی رپورٹ moneycontrol.com بتاریخ 9/مارچ 2019)

بظاہر یہ ایک چھوٹی سی غلطی نظر آتی ہے کہ میڈیا نے ٹیکہ اندازی کے بعد دی جانے والی غلط دوائی سے ہونے والی موت کو ٹیکہ اندازی سے ہونے والی موت قرار دیا۔ لیکن جو ادارے، انجمنیں برس ہا برس سے گراؤنڈ پر کام کر رہی ہیں، ان کے لیے یہ بڑی تکلیف دہ

بات ہوتی ہے۔ کیونکہ یہ بات خبر کا درجہ حاصل نہیں کر پاتی کہ ہر سال ٹیکہ اندازی کے بدولت 2 سے 3 ملین بچوں کی اموات کو ٹالا جا رہا ہے اور ٹیکہ اندازی کی شرح کو بڑھاتے ہوئے مزید ڈیڑھ ملین اموات کو روکا جا سکتا ہے۔ جو کہ ٹیکہ اندازی نہ ہونے کے سبب بیماریوں کا شکار ہو کر موت کے منہ میں جا رہے ہیں۔

لیکن ''ٹیکہ اندازی کے بعد ہونے والی اموات'' کی طرح سرخیاں لگا کر میڈیا نہ صرف صحافتی نقطۂ نظر سے غیر اخلاقی حرکات کا مرتکب ہو رہا ہے بلکہ عوام میں غلط فہمیوں اور ٹیکہ اندازی کو غیر محفوظ ثابت کرنے کا تاثر پیدا کرتے ہوئے ملک و قوم کی سب سے بڑی بدخدمتی کر رہا ہے، کیونکہ جن بیماریوں پر آج ہمارے ملک میں ٹیکہ اندازی کے کامیاب استعمال سے قابو پایا جا چکا ہے اس کے لیے خطرات پیدا کرنا ملک کے لیے نئی مصیبتوں کو دعوت دینے کے مترادف ہے۔

اقوام متحدہ کے ادارے صحت اور یونیسیف نے بھی اس بات کا نوٹ لیا ہے کہ ٹیکہ اندازی کی مہم کی کامیابی کے لیے ذرائع ترسیل و ابلاغ کا مثبت کردار بڑا اہم رول نبھاتا ہے۔ خاص کر صحت عامہ اور ٹیکہ اندازی کے متعلق صحافیوں کو حساس بنانے کے لیے یونیسیف UNICEF نے صحافیوں کے لیے تربیتی پروگراموں کا آغاز کیا۔ شہر حیدرآباد میں سال گذشتہ ہی یونیسیف نے خاص کر اردو میڈیا سے جڑے صحافیوں کی تربیت کے لیے دو روزہ ورکشاپ کا انعقاد کیا۔

اپنے گذشتہ کالم مطبوعہ 10 / مارچ میں بھی میں نے ''نہیں کرتی میڈیا کی صنعت صرف مسلمانوں سے نفرت'' میں اس مسئلے کی نشاندہی کر چکا ہوں کہ میڈیا میں عجلت میں خبر رسانی کی چکر میں خبروں کی صحت پر سمجھوتا کیا جا رہا ہے۔ یہ ایک تشویشناک بات ہے۔ جہاں

پر عام صحافیوں کو ہر مسئلہ پر اور غیر جانبدارانہ رپورٹنگ کے لیے تربیت کی ضرورت ہے وہیں صحت اور ٹیکہ اندازی کے متعلق رپورٹنگ کے دوران نہ صرف ماہرانہ تربیت کی ضرورت ہے بلکہ اس بات کو ہمیشہ مدنظر رکھنا ضروری ہے کہ ٹیکہ اندازی کے متعلق کہیں کوئی سنسنی خیز خبر کی چکر میں خبروں کی صحت پر سمجھوتہ نہ ہوجائے اور اس کی بھاری قیمت نومولود بچوں کو ادا نہ کرنا پڑے۔

جسٹس کاٹجو آئے دن کچھ نہ کچھ متنازعہ بیانات دیتے رہتے ہیں لیکن انہوں نے ایک تجویز بڑی اچھی رکھی تھی کہ جس طرح ہر پروفیشن میں داخلہ کے لیے پروفیشنل تربیت ضروری ہے اسی طرح میدان صحافت میں بھی داخلہ کے لیے اقل ترین تعلیمی قابلیت طئے کردینی چاہیے تاکہ لوگ میڈیا کو صرف پیسے کمانے کا ذریعہ نہ سمجھیں اور اپنی سماجی ذمہ داری سے راہ فراری اختیار نہ کریں۔

میڈیا کو بھی اپنا احتساب کرنا چاہیے کہ ان کی کی غیر ذمہ دارانہ رپورٹنگ سے کس قدر سنگین نتائج نکل سکتے ہیں۔اگر کسی کے بس میں ہوتا تو میڈیا میں کام کرنے والوں کو ان کی ذمہ داری کا احساس دلانے کے لیے ہر فکر مند ہندوستانی شہری میڈیا والوں کو اس طرح کا ٹیکہ دینا چاہتا، جس کے دینے ان کے اندر ذمہ داری کا احساس بیدار ہوجائے۔

بقول شاعر کہیں ایسا نہ ہو کہ

یہ جبر بھی دیکھا ہے تاریخ کی نظروں نے
لمحوں نے خطا کی تھی صدیوں نے سزا پائی

کیا ہوگا جب اینٹی بائیوٹکس ادویات کام نہ کریں

تاتینا کی عمر 25 برس تھی۔ تاتینا ایک امریکی خاتون ہیں جس کی شادی 7 جون 2014 کو ہوئی۔ تاتینا بتلاتی ہے کہ یہ اس کی زندگی کا سب سے خوشگوار دن تھا کیوں کہ اسی دن اس کی شادی ہوئی تھی۔ شادی سے پہلے تاتینا اپنے شوہر کے ساتھ سات برس سے تعلقات میں تھی اور اس طویل عرصے کی دوستی کے بعد ہونے والی شادی پر وہ بڑی خوش تھی۔ تاتینا کی شادی کو چند ہفتے بھی نہیں ہوئے تھے کہ تاتینا شمالی کیلی فورنیا کے ایک دواخانے کے آئی سی یو میں شریک تھی۔ جہاں پر اس کو ایک شدید قسم کے بیکٹیریا کے انفکشن کی وجہ سے شریک کروا دیا گیا تھا۔

جون 2014ء میں جب تاتینا اپنے شوہر کے ساتھ ہنی مون منا کر واپس لوٹی ہی تھی کہ ایک دن دفتر میں کام کرنے کے دوران وہ بیمار پڑ گئی۔ جیسے جیسے دن گذرتا جا رہا تھا ویسے ویسے تاتینا کو احساس ہو رہا تھا کہ اس کی طبیعت خراب سے خراب تر ہوتی جا رہی ہے۔ بالآخر تاتینا نے دفتر سے چھٹی لے کر گھر جانے کا فیصلہ کیا اور راستہ میں فارمیسی کی دوکان سے دوائیں خریدی۔ اس کو شک ہو گیا تھا کہ وہ فلو اور سردی سے متاثر ہے۔ لیکن دوائی کھانے کے بعد بھی تاتینا کی طبیعت میں کوئی سدھار نہیں آیا بلکہ طبیعت مزید خراب ہوتی چلی گئی۔ سینے اور پیٹھ میں تکلیف کی شدت بڑھتی گئی۔ یہاں تک کہ وہ اب پیٹھ کے بل لیٹ بھی نہیں پا رہی تھی۔

درد کی شدت جب برداشت سے باہر ہوگئی تو تا تینا نے ایمرجنسی میں دواخانے کا رخ کیا جہاں ڈاکٹرس نے شدید قسم کے گلے کے انفیکشن کی تشخیص کی اور اینٹی بائیوٹکس دوائی تجویز کردی۔ لیکن ان ادویات کو استعمال کرنے کے بعد بھی تا تینا کو اپنے درد و تکلیف سے کوئی راحت نہیں ملی۔

تا تینا نے اپنی بگڑتی ہوئی حالت کے پیش نظر دوبارہ دواخانے کا رخ کیا جہاں پر اس کو 103 بخار کے ساتھ پھر سے آئی سی یو میں شریک کرلیا گیا۔ اس خاتون کو سینے میں تکلیف کے ساتھ ساتھ سانس لینے میں بھی دقت محسوس ہو رہی تھی۔ تھوک کے ساتھ خون آرہا تھا اور اسے لگنے لگا اس کے پھیپھڑے سانس نہیں لے پا رہے ہیں۔ دواخانے میں خون کے معائنہ کیے گئے۔ کئی ڈاکٹرس نے معائنہ کرنے کے بعد بتلایا کہ تا تینا کو (Staph) انفیکشن ہوا تھا۔ اس کو Methicillin Resistant Staphylococcus Aurens (MRSA) نامی انفکشن کہا جاتا ہے جس کا علاج مشکل ہے۔

MRSA ایسا بیکٹیریل وائرس ہے جو عام طور پر انسان کو بیمار کر دیتا ہے لیکن تشویش کی بات تو یہ تھی اس وائرس کے علاج کے لیے دی جانے والی Methicillin نامی اینٹی بائیوٹک دوا اب کام نہیں کر رہی تھی جس کی وجہ سے کئی طرح کی پیچیدگیاں ہوسکتی ہیں جس میں جلد کا انفکشن ،نمونیا اور خون میں بھی انفکشن ہونا شامل ہے۔

کیلی فورنیا کے دواخانے میں اس امریکی خاتون کو ڈاکٹرس کی نگرانی میں رکھا گیا تھا اور بقیہ سبھی مریضوں سے الگ کر دیا گیا تھا۔ تا تینا کو 9 برس بعد آج بھی وہ وقت یاد کر کے جسم میں تھرتھری طاری ہو جاتی ہے اور جب بھی سردی ہوتی ہے وہ صرف سوچ کر ہی پریشان ہو جاتی ہے کہ اگر اینٹی بائیوٹک واقعی کام کرنا بند کر دیں تو اس کے جیسے مریضوں کا بچنا مشکل ہو جائے گا

جن کے جسموں میں اینٹی بائیوٹک سے مزاحمت پیدا ہوگئی ہے۔

تاتینا کو امید ہے اس کی اس تکلیف دہ کہانی سے دنیا بھر کے لوگوں میں بڑھتی ہوئی اینٹی بائیوٹک مزاحمت کے متعلق آگاہی میں اضافہ ہوگا۔ وہ کہتی ہے کہ بہت سارے لوگوں کو آج بھی MRSA کے متعلق نہیں معلوم ہے۔ وہ کہتی ہے کہ ضرورت اس بات کی ہے کہ زیادہ سے زیادہ افراد کو اینٹی بائیوٹک کے خلاف بڑھتی ہوئی مزاحمت کے متعلق بتلایا جائے۔ (بحوالہ۔www.idsociety.org)

قارئین کرام تاتینا نام کی امریکی خاتون کے مندرجہ بالا واقعہ سے جو سب سے اہم سبق سیکھنے کی ضرورت ہے وہ یہ کہ عوام اینٹی بائیوٹک کے خلاف بڑھتی ہوئی مزاحمت کے متعلق آگاہ ہوجائیں اور مستقبل کے کسی بھی طبی ہنگامی حالات میں اپنی حفاظت کو یقینی بنائیں۔

جی ہاں آگے بڑھنے سے پہلے یہ جان لیجئے یہ اینٹی بائیوٹک ادویات ہیں کیا؟

''اینٹی بائیوٹک ادویات کا ایک گروپ ہے جو بیکٹیریا سے ہونے والے انفکشن کے علاج کے لیے دی جاتی ہیں۔ اینٹی بائیوٹک کی بہت ساری اقسام ہیں۔

پینی سیلین (Penicillin): پہلی اینٹی بائیوٹک دوائی ہے جس کو 1928ء میں دریافت کیا گیا تھا۔ اس کے بعد سے اس دوائی کا بڑے پیمانے پر استعمال شروع کیا گیا۔ سال 1942 میں (Meningitis) گردن توڑ بخار کے علاج کے لیے بھی اینٹی بائیوٹک ادویات کے استعمال کا سلسلہ شروع ہوا۔ جلد ہی ڈاکٹرس نے یہ بات نوٹ کی کہ Staphylococcus پیپ کا موجب جرثومے کے علاج میں پینی سیلین کام نہیں کر رہی ہے۔ اس کے بعد ڈاکٹرس نے مزید دو بیکٹیریا کی نشاندہی کی جن کے خلاف اینٹی بائیوٹکس نے کام کرنا بند کر دیا۔ کیونکہ اس بیکٹیریا میں اینٹی بائیوٹک سے مزاحمت کی صلاحیت پیدا ہوگئی تھی۔

اس کالم کے ابتداء میں جس امریکی خاتون تا تینا کا ذکر کیا گیا وہ خوش قسمت رہی کہ ڈاکٹر اُن کا علاج کر سکے لیکن دنیا میں بہت سارے لوگ اس طرح سے خوش قسمت نہیں ہوتے ہیں۔

عالمی ادارہ صحت ورلڈ ہیلتھ آرگنائزیشن (WHO) کے مطابق عالمی سطح پر صحت کو درپیش ایک بڑا چیالنج اینٹی بائیوٹک مزاحمت ہے۔ Antibiotic Resistance عالمی ادارہ صحت کے مطابق کسی بھی عمر میں کسی بھی فرد کو ہوسکتا ہے۔

عالمی ادارہ صحت اگر چہ اس بات کو تسلیم کر رہا کہ اینٹی بائیوٹک مزاحمت اگر چہ وقت کے ساتھ قدرتی طور پر ہو رہی ہے لیکن انسانوں کی جانب سے اینٹی بائیوٹک ادویات کا غلط استعمال اور استحصال اس مزاحمت کو تیز رفتار بنانے کا بڑا سبب بن رہا ہے۔

اینٹی بائیوٹک مزاحمت کیا ہے: قارئین اینٹی بائیوٹک مزاحمت سے مراد ان دوائیوں کے خلاف پیدا ہونے والی مزاحمت ہے جو ان ادویات کو بے اثر بنا دیتی ہے۔ ڈاکٹرس مریضوں میں بیکٹیریا سے ہونے والے انفکشن کو ختم کرنے کے لیے اینٹی بائیوٹک ادویات تجویز کرتے ہیں لیکن طویل مدت میں کی جانے والی تحقیق سے یہ بات ثابت ہوئی ہے کہ اینٹی بائیوٹک ادویات کا مسلسل اور غیر ضروری استعمال اس دوائی کو بے اثر کرنے کا اہم سبب بن رہا ہے۔ لوگ جتنی مرتبہ اینٹی بائیوٹک ادویات کا غیر ضروری استعمال کرتے ہیں اتنا ہی زیادہ لوگوں میں اینٹی بائیوٹک مزاحمت میں اضافہ ہوتا جاتا ہے۔ جیسے MRSA نامی بیکٹیریا جس کو Super Bug بھی کہا جاتا ہے۔ یہ ایسا بیکٹیریا جو انسانی جسم میں پیپ تیار کرنے (انفکشن) کے لیے ذمہ دار ہے۔ اس طرح کے انفکشن والے مریضوں کا علاج کرنا ڈاکٹرس کے لیے مشکل بنتا جا رہا ہے۔ امریکی ادارے cdc.gov کے مطابق صرف سال 2019ء کے دوران دنیا بھر میں ((1.29 ملین افراد اینٹی بائیوٹکس سے پیدا ہونے والی مزاحمت کی

وجہ سے موت کے منہ میں چلے گئے۔ (بحوالہ thelancet.com۔19 رجنوری 2022)

قارئین کرام جس امریکی خاتون تا تینا کا کالم کے آغاز میں ذکر کیا گیا وہ ایسی ہی ایک خاتون تھی جن کو اینٹی بائیوٹک کی ادویات کام نہیں کر رہی تھیں جس کے نتیجے میں ان کی طبیعت بہت زیادہ خراب ہوگئی تھی۔

عالمی ادارہ صحت کے مطابق اینٹی بائیوٹکس کے خلاف بڑھتی ہوئی مزاحمت کو کنٹرول کرنے یا اس کی رفتار کو سست کرنے کے لیے دنیا کے سبھی ممالک اور افراد کو ذمہ دارانہ رول ادا کرنا ہوگا۔ عوام کو چاہیے کہ وہ کبھی بھی فارمیسی/ میڈیکل شاپ سے اپنے طور پر خرید کر اینٹی بائیوٹکس ادویات ہرگز استعمال نہ کریں۔ دوم ڈاکٹر جب کسی مریض کو اینٹی بائیوٹکس کورس تجویز کرے تب مریض اپنا کورس مکمل کرے اور صحت اچھی بھی محسوس کرے تو دوائی کا پورا پتہ (جتنا ڈاکٹر نے تجویز کیا ہے) استعمال کریں۔ درمیان میں نہ تو کورس چھوڑیں اور نہ ہی اپنی دوا کسی دوسرے کو استعمال کرنے کے لیے دیں۔

ڈاکٹرس کے حوالے سے ڈبلیو ایچ او سفارش کرتا ہے وہ انفکشن جس کا پہلے آسانی سے علاج کیا جاتا تھا جیسے نمونیا، تپ دق اب ان کا علاج مشکل ہوتا جا رہا ہے کیونکہ ان بیماریوں کے انفکشن سے لڑنے کے لیے اینٹی بائیوٹکس کام نہیں کر رہے ہیں۔

قارئین برطانوی سرکاری ادارہ برائے صحت کے مطابق اینٹی بائیوٹک کے خلاف مزاحمت کرنے والے بیکٹیریا کی وجہ سے ہونے والے انفکشن کا علاج کرنا زیادہ مشکل ہوگیا ہے جس کی وجہ سے بیماری، موت اور طویل عرصے تک دواخانوں میں قیام کی شرح بڑھتی جا رہی ہے۔

ہڈیوں، دل اور آنتوں کی سرجری اور کیموتھراپی جیسے علاج کے دوران بھی اینٹی بائیوٹکس کی ضرورت پڑتی ہے۔ اگر کسی مریض کو علاج کے دوران اینٹی بائیوٹکس دیئے جائیں

اور وہ کام نہ کرے تو مریض کی جان خطرے میں پڑ سکتی ہے۔

ڈاکٹرس اور سائنسداں اس حوالے سے تحقیق کر رہے ہیں لیکن عام آدمی کیا کرے۔ اس حوالے سے ماہرین کہتے ہیں کہ عوام بھی تعاون کر سکتے ہیں۔ وہ ایسے کہ

1. وائرس کی وجہ سے ہونے والے انفکشن کے علاج کے لیے اینٹی بائیوٹکس خود نہ استعمال کریں۔ نہ ڈاکٹرس سے درخواست کریں۔ وائرل انفیکشن سے انسانی جسم خود ہی لڑ سکتا ہے۔ وائرل انفیکشن میں نزلہ زکام، کھانسی، گلے کی خراش اور کان کا درد شامل ہے۔
2. ڈاکٹرس نے اگر کسی کو اینٹی بائیوٹکس تجویز کی ہوں تو وہ اپنا کورس اور دوا پوری کریں۔
3. اپنے حلقہ احباب اور خاندان میں سب کو اینٹی بائیوٹک کے غلط استعمال کے متعلق آگاہ کریں۔

قارئین ہمارے ملک ہندوستان میں میڈیکل شاپ کے کاؤنٹر سے بغیر ڈاکٹرس کے نسخے کے دوائی لینے کی عام روایت ہے۔ اسی پس منظر میں اینٹی بائیوٹک ادویات کا غلط استعمال کا خدشہ بڑھ جاتا ہے۔ ایسے میں ڈبلیو ایچ او سے لے کر UNICEF جیسے سبھی ادارے عوامی شعور بیداری کے لیے کام کر رہے ہیں۔

صحافیوں کے لیے تربیتی پروگرام سے لے کر جامعات کے لیے نصاب میں صحافت برائے صحت کی سفارش اسی کی کڑی ہے۔ مقصد صحت کے متعلق اولاً صحافیوں کو حساس بنایا جائے۔ دوم صحافیوں کے ذریعہ عوام میں شعور بیداری کی جائے تاکہ صحت کے میدان میں درپیش چیالنجس کا بہتر طور پر سامنا کیا جاسکے۔

مزید تفصیلات کے لیے عالمی ادارہ صحت اور یونیسیف کی ویب سائٹ سے بھی رجوع ہوا جاسکتا ہے۔

(روزنامہ منصف، سنڈے ایڈیشن۔ 11/جون 2023)

ٹیکہ اندازی کے بعد پیش آنے والے منفی واقعات

Adverse Events following Immunization

(AEFI)

ٹیکہ اندازی کے ذریعہ سے انفیکشن والی بیماریوں پر قابو پالیا جارہا ہے جس سے انفیکشن کے ذریعہ پھیلنے والی بیماریاں تو کم ہورہی ہیں لیکن عوام میں ٹیکوں کے ساتھ منسلک منفی خطرات/اثرات کے بارے میں فکرمندی میں بھی اضافہ ریکارڈ کیا جارہا ہے۔

ٹیکنالوجی کی ترقی اور ٹیکوں کے متعلق مسلسل آگہی میں اضافہ کے سبب ٹیکے کتنے محفوظ ہیں اور ان کے ساتھ کتنے منفی اثرات جڑے ہوئے ہیں اس سوال پر بھی توجہ مرکوز کی جارہی ہے۔

(AEFI) سے مراد ٹیکہ اندازی کے بعد پیش آنے والے منفی واقعات ہیں۔ منفی واقعات ضروری نہیں ہے کہ ٹیکہ کے سبب پیش آئے ہیں اس نکتہ کو ذہن میں رکھنا ضروری ہے۔

عالمی ادارۂ صحت WHO کے مطابق ٹیکہ اندازی کے بعد پیش آنے والے ناگہانی حالات سے مراد ٹیکہ اندازی کے بعد پیش آنے والے طبی حالات ہیں جو کہ ضروری نہیں کہ صرف ٹیکہ کے سبب پیدا ہوں لیکن ان طبی حالات سے فوری نمٹا نہیں جائے تو عوام کا ٹیکہ اندازی پر اعتماد متزلزل ہوسکتا ہے اور نتیجے میں بیماریوں کے سدباب اور روک تھام کا عمل بھی متاثر ہوسکتا ہے۔ ہاں ٹیکہ اندازی کے منفی اثرات کے سبب صحت مند افراد کی صحت بھی متاثر

ہوسکتی ہے اس حوالے سے فوری طور پر تشخیص اور توجہ دینے کی ضرورت ہوتی ہے۔

محفوظ ٹیکہ اندازی کو یقینی بنانے کے لیے ٹیکہ اندازی کے بعد پیش آنے والے ناگہانی طبی حالات کا بہتر مطالعہ اور تجزیہ کیا جانا ضروری ہے۔

ٹیکہ اندازی کو محفوظ بنانے کے لیے عالمی ادارہ صحت نے عالمی سطح پر ایک ایڈوائزری کمیٹی قائم کی ہے۔گلوبل ایڈوائزری کمیٹی برائے محفوظ ٹیکہ اندازی۔

عالمی ادارہ صحت نے وضاحت کردی ہے کہ آج تک ایسی مثالی محفوظ ٹیکہ اندازی کا کوئی نظریہ نہیں ہے جو ہر ایک کے لیے محفوظ اور ہر ایک کے لیے سودمند ثابت ہوسکے۔موثر ٹیکہ اندازی (یعنی وہ عمل جس کے ذریعہ انسانی مدافعتی نظام کو بیماریوں سے متعارف کروایا جاتا ہے) سے بعض غیر متوقع نتائج بھی برآمد ہوسکتے ہیں جو بہت ہی کم شدت کے اور جلد ہی دفع بھی ہوجاتے ہیں۔

ٹیکہ اندازی کے دوران یا بعد میں پیدا ہونے والی پیچیدگیوں کی اکثریت ٹیکہ اندازی کے سبب نہیں بلکہ ٹیکہ اندازی کے دوران برتی جانے والی انسانی غلطیوں یا ٹیکہ اندازی کے پروگرام کے عمل آوری سے جڑی غفلت کے سبب ہوتی ہے۔

ٹیکہ اندازی کے دوران اس بات کا ہرگز اندازہ نہیں لگایا جاسکتا ہے کہ کسی فرد کو ٹیکہ اندازی کی وجہ سے خطرناک قسم کاری ایکشن ہوسکتا ہے۔حالانکہ بعض ٹیکوں کے متعلق حتمی طور پر تو کچھ نہیں کہا جاسکتا ہے لیکن متضاد ردعمل ضرور سامنے آیا ہے۔لیکن ٹیکوں کے لگائے جانے کے بعد جو منفی علامات سامنے آتی ہیں۔ان پر توجہ دی جائے تو ٹیکہ اندازی کے بعد پیش آیے والے منفی یا ناگہانی حالات سے بہتر طور پر نمٹا جاسکتا ہے۔

AEFI مابعد ٹیکہ اندازی ناگہانی حالات کا پتہ لگانا

ٹیکہ اندازی کے بعد پیش آنے والے والے ناگہانی حالات سے نمٹنے کے لیے ضروری ہے کہ دنیا بھر میں اس طرح کے واقعات کا فوراً پتہ چلا کر اول تو ان کا ڈاٹا یکجا کیا جائے، دوم ان کا تفصیلی تجزیہ کیا جائے۔

ٹیکہ اندازی کے بعد پیش آنے والے ناگہانی واقعات کی جتنا جلد رپورٹنگ ہو اتنا ہی بہتر ہوگا۔ اس طرح سے منفی حالات سے نمٹنے کے لیے پہلا قدم موثر ہوگا۔ دوسری جانب یہ بھی حقیقت ہے کہ دنیا کی آدھی سے زائد آبادی ایسے ملکوں میں قیام پذیر ہے جہاں پر ٹیکہ اندازی کے پروگرام کی موثر نگرانی کا کوئی سسٹم نہیں ہے۔ حالانکہ عالمی ادارہ صحت کے مطابق ٹیکہ اندازی کے منفی اثرات بہت کم ہیں جس میں سنگین قسم کے ری ایکشن بھی شامل ہیں۔ دنیا بھر کے ملکوں نے عالمی سطح پر ایسے کسی بھی منفی ری ایکشن کے متعلق مواد کو یکجا کرنے پر اتفاق کیا ہے۔ عالمی سطح پر اس طرح کا مواد عالمی ادارہ صحت WHO کے پروگرام Programme for International Drug Monitoring کے تحت اکٹھا کیا جاتا ہے۔

عالمی ادارے صحت اپنے سابقہ تجربات کی روشنی میں واضح کیا کہ ٹیکہ اندازی کے بعد پیش آنے والے زیادہ تر ناگہانی حالات کا راست تعلق ٹیکہ اندازی سے نہیں بلکہ صحت سے متعلق اتفاقی واقعات ہیں یا ٹیکوں کے متعلق لوگوں میں پھیلتی ہوئی بے چینی یا غلط معلومات کی وجہ سے پیدا ہونے والی (Anxiety) ہے۔

عالمی ادارہ صحت نے عالمی سطح پر ٹیکہ اندازی کے منفی اثرات کا تمام تر ڈاٹا جمع کرتے ہوئے ان معاملات کی تحقیقات بھی کرنا چاہتا ہے جہاں ٹیکہ اندازی ے بعد ناگہانی

صورت حال پیدا ہوئی ہوں۔

اس کے لیے ضروری ہے کہ دنیا کے سبھی ملکوں میں باضابطہ طور پر ایسا میکانزم ہو جس کے تحت ٹیکہ اندازی کے بعد پیش آنے والے واقعات کو فوری طور پر عالمی نیٹ ورک میں رپورٹ کیا جا سکے۔

وہ ملک جو ٹیکے بناتے ہیں اور وہ ملک جہاں ان ٹیکوں کو استعمال کیا جاتا ہے وہاں پر ایسا نیٹ ورک بہت زیادہ متحرک ہونا چاہیے جس کے تحت کسی دوائی یا ٹیکے کے منفی اثرات کا فوری پتہ لگا کر ان کی مکمل تحقیق کی جا سکے۔

عالمی ادارہ صحت WHO نے Pharmacovigilance کی اصطلاح استعمال کرتے ہوئے سفارش کی کہ ادویات اور ٹیکے بیماریوں سے بچاؤ کا ایک موثر ترین ذریعہ ہے۔ ان کے فوائد کے ساتھ ادویات کے Side effects (منفی اثرات) بھی مسلمہ ہیں۔ بعض منفی اثرات غیر متوقع اور بعض متوقع ہوتے ہیں۔ اس لیے فارما کوو یجلنس پر توجہ دینا انتہائی ناگزیر ہے۔

فارما کوو یجلنس ایک ایسی سائنس ہے جس کے ذریعہ ادویات اور ٹیکوں کے استعمال کے بعد پیش آنے والے منفی اثرات اور ناگہانی حالات کا فوری مطالعہ، جائزہ اور تحقیق کی جاتی ہے۔ حالانکہ تمام تر ادویات اور ٹیکے انسانی استعمال سے قبل کئی ایک تجربات کے مراحل سے اور حفاظتی جانچ کے مراحل ےس گذر کر قطعی استعمال کے لیے پیش کیے جاتے ہیں۔ یہ بھی ایک حقیقت ہے کہ طبی ادویات قطعی استعمال سے قبل تجرباتی طور پر محدود لوگوں کے لیے استعمال کی جاتی ہے اور بعض منفی اثرات اسی وقت معلوم ہوتے ہیں جب ان کو بڑے پیمانے پر عوام کی جانب سے استعمال کیا جائے۔

عالمی ادارہ صحت کی جانب سے ایک جامع فارما کوو یجلنس Pharmacovigilance ٹیم سال 2020 میں قائم کی گئی جس کا مقصد ادویات اور ٹیکوں کو محفوظ بنانے کے کام کو Department of Regulation and Pre-qualification کے تحت باقاعدہ بنایا جائے۔

14 تا 16/ جون 2022 کو عالمی ادارہ صحت کی دو ٹیموں نے Global Advisory Committee on Vaccine safety اور Advisory Committee safety of Medical Products مشترکہ طور پر ایک میٹنگ منعقد کی۔

3/ مارچ 2022 کو عالمی ادارہ صحت نے Monupiravir نامی پہلی دوا کو منظوری دے دی۔ یہ کرونا کی پہلی پلائی جانے والی دوا ہے جس کو ڈبلیو ایچ او نے مشروط طور پر اجازت دی۔ شرائط بس یہی تھی کہ موثر طور پر اس منہ سے پلائی جانے والی خوراک دینے کے بعد نگرانی اور منفی اثرات کی رپورٹنگ کا مضبوط سسٹم بنایا جائے تا کہ فوری طور پر ماہرین مطالعہ کر سکیں۔ چونکہ تجرباتی طور پر پلائی جانے والی ٹیکے کی دوا مختلف اقوام اور ممالک میں دی جارہی تھی تو ان سب کے ہاں سے ردعمل اور اثرات کا مطالعہ کرنے کے لیے بین الاقوامی سطح پر ایک نیٹ ورک اور سسٹم کا ہونا ضروری ہے جس کے ذریعہ سے محققین اور ماہرین کو دنیا کے مختلف ملکوں کا مواد اور صورت حال ایک جگہ مل سکے۔

زچہ اور بچہ اموات

ہندوستان میں زچہ بچہ کی اموات کی شرح مسلسل گھٹ رہی ہے۔ 14/ مارچ 2022 کو جاری کردہ وزارت صحت اور خاندانی بہبود کے اعلامیہ کے مطابق رجسٹرار جنرل آف انڈیا نے پائیدار ترقی (Sustainable Development) کے اہداف کے حصول کی سمت ہندوستان کی پیشرفت کو بڑا ہی اہم قرار دیتے ہوئے بتلایا کہ پائیدار ترقی کے اہداف کو حاصل کرنے والی ریاستوں کیرالا، مہاراشٹرا اور اتر پردیش میں ماں کی دوران زچگی اموات کی شرح میں 15 فیصد تک گراوٹ ریکارڈ کی گئی ہے۔ جبکہ قومی سطح پر (Maternal Mortality Rate) MMR میں 10 پوائنٹس کی کمی ریکارڈ کی گئی ہے۔ زچہ اور بچے کی اموات ہمارے ملک ہندوستان میں سال 18-2016 کے دوران 113 ریکارڈ کی گئی تھی جو کہ سال 19-2017 کے دوران گھٹ کر 103 ہوگئی یعنی ایک لاکھ حاملہ خواتین میں سے 103 خواتین بچے کی پیدائش کے دوران ہی موت کے منہ میں چلی جاتی ہیں۔

زچہ اور بچہ کی صحت کے متعلق اس صورت حال کو مزید بہتر بنانے کے لیے میڈیا کا بہت ہی اہم اور مرکزی رول ہے۔ زچہ اور بچہ کی صحت کے متعلق اس طرح کی سنگین صورت حال کے لیے جو عوامل راست طور پر ذمہ دار ہیں ان میں غیر تعلیم یافتہ اور غیر تربیت یافتہ طبی افراد کی شمولیت بھی ہے۔

اگر ہم صحت سے متعلق اس اہم مسئلہ کے میڈیا میں کوریج کے متعلق تجزیہ کریں تو پتہ

چلے گا کہ ذرائع ابلاغ اور حکومتی پالیسی ساز دونوں فریقین کی جانب سے بے چینی کا یا عدم توجہی کا سامنا کرنا پڑ رہا ہے۔ حالانکہ جمہوریت میں صحافت کو چوتھا ستون کا درجہ دیا جاتا ہے۔

ہندوستان میں الیکٹرانک میڈیا اور سوشیل میڈیا نے خاص طور پر عوامی مقبولیت کی کئی نئی بلندیوں کو پار کرلیا ہے۔ انٹرنیٹ کی بڑھتی ہوئی رسائی نے موبائل فون کی صحافت کو بھی کافی فروغ دیا ہے۔ اخبارات اور ٹیلی ویژن کے نیوز چینلس کی تعداد میں بے پناہ اضافہ کے ساتھ خبر رسانی کے معیار اور رسائی میں اضافہ ریکارڈ کیا جا رہا ہے۔

ہندوستان نے اگرچہ زچہ اور بچہ اموات کی شرح میں قابل لحاظ کمی ریکارڈ کی ہے لیکن آج بھی محکمہ صحت، حکومت ہند کی رپورٹ میں تخمینہ لگایا گیا ہے کہ (6.6) لاکھ بچے ہمارے ملک میں اپنی پیدائش کے اندرون 28 دن موت کے منہ میں چلے جاتے ہیں۔ جبکہ حقیقت تو یہ ہے کہ ان میں کئی بچوں کی جانیں کو بچایا جاسکتا ہے۔ اگر ہم ان بچوں کی ماؤں کو دوران حمل اور زچگی کے دوران طبی امداد فراہم کریں اور جب بھی کسی حاملہ خاتون میں خون کی کمی اور حمل کی وجہ سے بڑھنے والے ہائپر ٹینشن وغیرہ کا بروقت اور موثر علاج کیا جائے۔

حکومت ہند کی جانب سے اس مسئلے کے سدباب کے لیے ایک جامع ہیلتھ پروگرام شروع کیا گیا Pradhan Mantri Surakshit Matritva Abhiyan کے نام سے شروع کردہ اس پروگرام کے متعلق وزیر اعظم نریندر مودی نے 31/ جولائی 2016 کو اپنے ریڈیو خطاب من کی بات کے دوران میں وضاحت کی کہ PMSMA اس بات کو یقینی بناتا ہے کہ حاملہ خواتین کو ان کے حمل کے دوسرے اور تیسرے مرحلے میں سرکاری طبی مراکز پر بچے کی ما قبل پیدائش تمام تر ضروری نگہداشت میسر آسکیں۔ اس پروگرام کی کامیابی کو یقینی بنانے کے لیے سرکاری انفراسٹرکچر اور سہولیات کے ساتھ ساتھ خانگی رضا کار اور تنظیموں کی

شمولیت کا لحاظ رکھا گیا تا کہ موثر طور پر حاملہ خواتین کو درکار طبی خدمات فراہم کی جاسکیں۔

حکومت ہند، وزارت خواتین اور بہبودیِ اطفال کی جانب سے کل ہند سطح پر Maternity Benefit پروگرا کو لاگو کرنے کے لیے واضح طور پر 19 رمئی 2017 کو تمام ریاستی حکومتوں کے پرنسپال سکریٹریز اور متعلقہ محکموں کو مطلع کیا گیا کہ (MBP) مرکزی حکومت کی جانب سے اس پروگرام کو اسپانسر کیا جائے گا۔

اس اسکیم کے تحت حاملہ اور دودھ پلانی والی خواتین کو نقد رقم کی شکل میں ترغیبات دیئے جائیں گے اور حاملہ خواتین اور دودھ پلانے والی خواتین بینک اور پوسٹ آفس کے کھاتوں میں 5 ہزار روپیوں کی نقد امداد راست طور پر مرحلہ وار انداز میں جمع کروائی جائے گی۔

حمل ٹھہر جانے کے فوری بعد حاملہ خاتون جیسے ہی سرکاری طبی مرکز پر اپنا رجسٹریشن کروائے گی تو نقد امداد کے طور پر فوری ایک ہزار روپئے دیئے جائیں گے۔ دوسری قسط کے طور پر 2 ہزار روپئے بینک اکاؤنٹ میں جمع کیے جائیں گے بشرطیکہ حاملہ خاتون دو مہینے گزرنے کے بعد کم سے کم ایک مرتبہ اپنا طبی معائنہ کروائے اور تیسری قسط کے طور پر 2 ہزار روپئے پیدائش کے بعد کے رجسٹریشن، بچے کو BCG،OPV، DPT اور Hepatitis-B کی پہلی خوراک دلانے کے بعد جاری کی جائے گی۔

عزیز طالب علموں یہ تو حکومت کی جانب سے اٹھایا جانے والا اقدام ہے۔ کیا اس پالیسی کے ذریعہ حکومت زچہ اور بچہ اموات کی شرح پر کنٹرول کر پائے گی؟ اسی پس منظر میں صحافت کا رول ابھر کر سامنے آتا ہے کہ اگر صحافت اور اس میں کارگزار صحافی سرکاری اسکیمات کے متعلق عوامی شعور ربیداری کے لیے اپنے قلم اور اپنے مائک کا موثر استعمال کریں تو عوام میں

حکومتی اسکیم کے متعلق شعور پیدا ہوسکتا ہے اور لوگوں کی بڑی تعداد اس حکومتی اسکیم سے استفادہ کرتے ہوئے حمل ٹھہرنے کے بعد حاملہ خواتین کی غذا اور طبی معائنوں کے لیے آمادہ ہوں گے اور حمل کے دوران ان کو آرام کی ضرورت ہو تو تب بھی حکومت کے مالی فوائد ان کے لیے مددگار تو ثابت ہوسکتے ہیں۔

طلبائے صحافت کی معلومات کے لیے مندرجہ بالا صفحات میں مرکزی حکومت کی ایک اسکیم کا تفصیل سے جائزہ لیا گیا۔ اسی طرح صحافی حضرات مرکز اور ریاست کی جانب سے زچہ اور بچہ کے لیے چلائے جانے والے سبھی پروگراموں کے متعلق عوامی شعور بیدار کرنے کا کام کر سکتے ہیں۔

ہندوستان میں صحت کا منظر نامہ

130 کروڑ ہندوستانیوں کے ملک میں صحت کے حوالے سے بات کرنا کچھ آسان نہیں ہے۔ بظاہر یہ موضوع جتنا سہل نظر آتا ہے دراصل اتنا ہی زیادہ توجہ کا مستحق ہے۔

دنیا کا سب سے بڑا ٹیکہ اندازی کا پروگرام حالیہ عرصے میں ہندوستان میں ہی چلایا گیا جس کے تحت کروڑوں ہندوستانیوں کو کرونا سے محفوظ رکھنے کے لیے باضابطہ طور پر ٹیکہ لگوائے گئے۔

ہندوستان کی زندگی کے ہر شعبہ حیات میں ترقی کرنے کے باوجود یہ ایک حقیقت ہے کہ آج بھی ہندوستانیوں کی اکثریت صحت کی سہولیات کے لیے سرکار کی طرف دیکھتی ہے۔

سرکاری سطح پر حکومت کی جانب سے مسلسل دعویٰ کیے جاتے ہیں کہ صحت کے نظام میں اصلاحات اور بہتری کے لیے ساتھ ہی صحت کی سہولیات کو وسعت دینے کے لیے مسلسل سرگرمیاں جاری ہیں۔ سرکاری بجٹ ہو یا پالیسیاں ان میں مسلسل ترقی پر توجہ مرکوز کی جاتی ہے۔ ساتھ ہی تندرستی کو یقینی بنانے کے لیے اور بیماریوں کے ذمہ دار عوامل کو ختم کرنے صحت مندی کے لیے معاشرے کی حوصلہ افزائی اور بیماریوں کی صورت میں ان کے علاج کی فراہمی کے لیے توجہ مرکوز کی جارہی ہے۔

اس ضمن میں وزیر اعظم ہند خاص طور پر سوچھ بھارت ابھیان، فٹ انڈیا مشن، نیوٹریشن مشن، مشن اندرا دھنش، آیوشمان بھارت، جل جیون مشن جیسے پروگراموں کی وسعت

کے لیے کوشاں ہے۔

حکومت ہند جب صحت کے شعبے میں جامعیت کی بات کرتی ہے اور سبھی ہندوستانیوں کو سہولیات پہنچانے کی منصوبہ بندی کرتی ہے اس میں تین امور خاص طور پر شامل ہوتے ہیں۔

1. جدید طبی سائنس سے متعلق بنیادی ڈھانچے اور انسانی وسائل کی توسیع و ترقی

2. آیوش جیسے روایاتی ہندوستانی نظام طب میں تحقیق کو فروغ دے کر صحت کی دیکھ بھال کے نظام میں اس کا موثر استعمال کرنا

3. جدید ترین ٹیکنالوجی جو مستقبل کے چیالنجس کا سامنا کر سکے اس کو اپنا کر ملک کے طول و عرض میں صحت کی بہتر اور سستی سہولیات فراہم کرنا۔

ہمارے ملک ہندوستان میں آج بھی ایک ایسا ہیلتھ انفراسٹرکچر چاہیے جو صرف بڑے شہروں تک محدود نہ ہو بلکہ صحت کی سہولیات دور دراز اور دیہی علاقوں میں بھی دستیاب ہوں۔ صحت کی سہولیات، علاج کے مراکز، بلاک سطح تک فراہم کرنا ایک چیالنج ہے اور پھر اس طرح کی خدمات کو شروع کرنے کے بعد اس کو برقرار رکھنا بھی اتنا ہی اہم ہے پھر وقتاً فوقتاً ضروریات کے حساب سے ان کا اپ گریڈیشن کرنا بھی ضروری ہے۔ لیکن یہ کام صرف حکومت نہیں کر سکتی ہے۔ خانگی شعبے کو اس سلسلے میں حکومت کا ہاتھ بٹانا ہوگا۔

حکومت کی جانب سے بہتر سے بہتر پالیسیاں بنائی جاتی ہیں۔ لیکن ان پالیسیوں کے آغاز کے ساتھ ان کا نفاذ بھی کامیاب ہونا ضروری ہے۔

مثال کے طور پر آنگن واڑی کارکن وہ عملہ ہے جو اگلے محاذ پر کام کرتا ہے۔ چونکہ یہ اگلے محاذ کا سپاہی ہے اسی وقتاً فوقتاً ان کی صلاحیتوں میں اپ گریڈیشن کا ہونا بھی ضروری ہے۔

ہندوستان میں صحت کا نظر نامہ اگر سمجھنا مقصود ہو تو ruralindiaonline.org کی اسٹوری مناسب ہوگی۔ اس اسٹوری میں بتلایا گیا کہ جھارکھنڈ کے علاقے بوروتیکا میں اگر کوئی خاتون حمل سے ہو اور اسے پیچیدگی کا سامنا ہو تو اس خاتون کو ڈاکٹر سے تشخیص کے بعد ریاست کی سرحد عبور کر کے پڑوسی ریاست اڑیسہ جانا پڑتا ہے۔ جو کہ 430 کیلومیٹر دور فاصلہ پر واقع ہے۔

کیا یہ کہانی کسی ایک خاتون کی ہے جی نہیں۔ ہندوستان میں ایسی کئی خواتین ہیں جو دیہی علاقے میں رہتی ہیں تو اس بات کی قوی گنجائش ہے کہ گاؤں، دیہات میں کوئی ماہر امراض نسواں یا سرجن دستیاب نہ ہو تو دیہی علاقوں میں واقع کمیونٹی ہیلتھ سنٹرز کے موجودہ انفراسٹرکچر میں درکار زچگی اور امراض نسواں کے ماہر ڈاکٹروں کی بھی شدید کمی ہے۔

ہندوستان کے گاؤں دیہات میں اگر کسی خاتون کا بچہ بیمار ہو جائے تو چلڈرنس اسپیشلسٹ (ماہر اطفال) سے تشخیص کروانے کے لیے کافی طویل وقت لگ سکتا ہے۔ صرف ماہرین اطفال ہی نہیں ایک رپورٹ کے مطابق تو عام معالجین کے 80 فیصد پوسٹ مخلوعہ ہیں۔

یہ اعداد و شمار دیہی صحت کی شماریات 22-2021 رپورٹ سے ماخوذ ہیں۔ نیشنل فیملی ہیلتھ سروے 21-2019 کے مطابق سال 2015 اور 2016 سے ملک بھر میں خواتین کے درمیان خون کی کمی کا (Anemia) مسئلہ خراب سے خراب تر ہوتا جا رہا ہے۔ یہ سروے ملک کی 28 ریاستوں اور مرکز کے زیر انتظام آٹھ علاقوں میں ضلع کی آبادی، صحت اور غذائیت سے متعلق جمع کیا گیا ہے۔

NFHS (2019-21) کے مطابق ملک میں 57 فیصدی خواتین جن کی عمریں 14 سے 59 برس کے درمیان ہیں وہ خون کی کمی کا شکار ہیں۔ دنیا بھر میں یہ مسئلہ کس قدر سنگین

ہے اس کا اندازہ اس بات سے لگایا جاسکتا ہے کہ دنیا بھر میں تقریباً تین میں سے ایک خاتون خون کی کمی کے عارضہ کا شکار ہے۔ اقوام متحدہ کے ادارہ برائے غذائی اور زرعی تنظیم کی فراہم کردہ معلومات کے مطابق زیادہ تر دیہی علاقوں، غریب گھروں میں رہنے والی اور ایسی خواتین خون کی کمی کی شکار ہوتی ہیں جنہیں کسی قسم کی باقاعدہ تعلیم نہیں دی گئی (بحوالہ دنیا میں غذا تحفظ اور غذائیت کی حالت 2022)

غذائیت سے بھرپور کھانا نہ ملنے کی وجہ سے اس طرح کی کمی مزید بڑھ جاتی ہیں۔ 2020 کی گلوبل نیوٹریشن رپورٹ میں کہا گیا ہے کہ غذائیت سے بھرپور غذاؤں (جیسے کہ انڈے اور دودھ) کی زیادہ قیمت غذائی قلت سے نمٹنے میں ایک بڑی رکاوٹ ہے۔ ہندوستان میں سال 2020 میں صحت مند کھانے کا خرچ 223 روپئے یا دو اعشاریہ نو سات ڈالر تھا جو اتنا زیادہ ہے کہ ہندوستان میں 973.3 ملین لوگ صحت مند غذا نہیں کھا سکتے ہیں۔ یہ کوئی حیرت کی بات نہیں کہ عام گھروں میں اور گھروں سے باہر وسائل کی تقسیم کے وقت عورتوں کو سب سے نیچے پائیدان پر رکھا جاتا ہے۔

نیشنل فیملی ہیلتھ سروے (NFHS-5) 2019-21 کے مطابق ملک گیر سطح پر کیے گئے سروے سے پہ چلا ہے کہ 19.4 فیصدی گھر ایسے ہیں جن میں بیت الخلاء کی کوئی سہولت نہیں ہے۔

پورے ہندوستان میں تقریباً 20 فیصد گھروں میں صفائی کے متعلق کوئی سہولت موجود نہیں ہے اس لیے پٹنہ کی جھگیوں میں رہنے والی لڑکیاں کہتی ہیں ''رات کے وقت صرف ریل کی پٹریاں ہی بیت الخلاء کے لیے دستیاب ہوتی ہیں۔''

نیشنل فیملی ہیلتھ سروے 5 2019-20-21 سے پتہ چلتا ہے کہ دیہی علاقوں میں

رہنے والی تمام خواتین میں سے صرف 73 فیصد کو حیض سے متعلق صاف ستھری مصنوعات تک رسائی حاصل ہے۔ جب کے شہری علاقوں میں رہنے والی تقریباً 90 فیصدی عورتوں کو یہ مصنوعات دستیاب ہیں۔ ماہواری سے متعلق صاف ستھری مصنوعات میں سنیٹری نیپکن، ماہواری والے کپ اور کپڑے کے ٹکڑے تک شامل ہیں۔ تحقیق سے پتہ چلا ہے بہت سارے سنیٹری نیپکن میں زہریلے کیمیکلز کی اعلیٰ سطح موجود ہے۔ بازار میں فروخت کی جانے والی زیادہ تر سنیٹری نیپکن میں 90 فیصدی پلاسٹک سے بنے تھے۔ (بحوالہ Wrapped in Secrecy: Toxic Chemicals in Menstrual Products)

ہندوستان میں خواتین کے ہیلتھ چارٹر میں ان کی تولیدی صحت سے متعلق فیصلے کو ''امتیاز، جبر اور تشدد سے پاک'' بنانے کو دراصل خواتین کے حقوق سے تعبیر کیا ہے اور ان حقوق کی تکمیل کے لیے کم خرچ میں حفظان صحت کا ہونا ضروری ہے۔

نیشنل فیملی ہیلت سروے 5 2019-21 کے مطابق خاندانی منصوبہ بندی کا آپریشن کروانے کے لیے ملک میں 80 فیصدی خواتین سرکاری میڈیکل سہولیات پر منحصر ہیں جو کہ انتہائی ناقص اور غیر تشفی بخش انداز میں کام کرتے ہیں۔

جموں و کشمیر کے وزیر تھل گاؤں کے لوگوں کے لیے سب سے قریبی پرائمری ہیلتھ سنٹر (PHC) بھی پانچ کیلومیٹر دور ہے۔ دوری کے علاوہ اگر خواتین کسی طرح ان ہیلتھ سنٹرس تک پہنچ بھی جائیں تو وہاں پر عملے اور ساز و سامان کی کمی بھی ہے۔ مثال کے طور پر بڈگام، باندی پورہ ضلع کے PHC میں صرف ایک نرس کام کر رہی ہیں۔ وزیر تھل کی آنگن واڑی کارکن کے مطابق ہنگامی صورت حال ہو یا کسی کے حمل ساقط ہو جانے کا مسئلہ اس طرح کے حالات میں مریضوں کو 86 کیلومیٹر فاصلہ طئے کر کے گریز جانا پڑتا ہے۔ جو کہ کوئی آسان کام

نہیں اور اگر کسی مریضہ کو آپریشن کی ضرورت پڑ جائے تو باندی پورہ سے سری نگر تک کا سفر طئے کرنا پڑتا ہے جو کہ تقریباً 65.5 کیلو میٹر دور ہے۔

دیہی صحت کی شماریات 22-2021 کے مطابق 31/ مارچ 2022 تک ذیلی طبی مراکز پر پرائمری ہیلتھ سنٹرز میں معاون نرس دائیوں کی 30 ہزار سے زائد جائیدادیں مخلوعہ ہیں۔ حالانکہ یہ بات سبھی جانتے ہیں کہ دیہی علاقوں میں خواتین زیادہ تر اپنی صحت کے لیے ایسے ہی سنٹرز سے رجوع ہوتے ہیں۔Oxfam انڈیا کی ان ایکوالٹی رپورٹ کے مطابق ہندوستان کے غیر مساوی حفظان صحت کی سہولیات کے مطابق ملک میں (10189) افراد کے لیے صرف ایک ہی ایلوپیتھی ڈاکٹر ہے اور 90 ہزار سے زائد افراد کے لیے صرف ایک سرکاری دواخانہ ہے۔

ہندوستان میں صحت کے منظر نامے کو سمجھنے کے لیے چھتیس گڑھ کے جھولا چھاپ ڈاکٹرس کے متعلق جاننا ضروری ہے۔ یہ لوگ غیر سند یافتہ اور بغیر لائسنس کے علاج کی پریکٹس کرنے والے افراد ہیں۔

آیوش منگل عظیم پریم جی یونیورسٹی کے طالب علم ہیں۔ اپنی رپورٹ میں لکھتے ہیں جو ہمیشہ جھولا لے کر گھومتے ہیں۔ غریب اور معاشی طور پر پسماندہ لوگ ان کو ہی ڈاکٹر کہہ کر ان سے اپنا علاج کرواتے ہیں۔ ایک جھولا چھاپ ڈاکٹر کے حوالے سے آیوش نے لکھا ہے کہ میں نے سات برسوں تک ایک تربیت یافتہ ایم بی بی ایس ڈاکٹر کے ساتھ کام کیا۔ میں نے خود بھی بائیولوجیکل سائنس میں ڈگری تک تعلیم حاصل کی ہے۔ اس پس منظر میں وہ اپنے آپ کو ایک جھولا چھاپ ڈاکٹر کے طور پر پریکٹس کرنے کا اہل سمجھتا ہے۔

میڈیکل کونسل آف انڈیا کے مطابق صرف ایک تربیت یافتہ اور سند یافتہ ایم بی بی ایس ڈاکٹر ہی میڈیسن کی پریکٹس کرسکتا ہے۔ اس لیے غیر قانونی طور پر علاج کرنے والوں

سے کئی ایک خطرات لاحق ہیں۔

لیکن یہ جھولا چھاپ ڈاکٹرس زمینی حقیقتوں سے واقف ہیں۔ قانون کے خلاف کام کرتے ہوئے بھی وہ لوگ تیار رہتے ہیں کہ اگر کوئی انہیں غیر قانونی طور پر لوگوں کا علاج کرنے کے الزام میں پکڑ لے تو وہ اپنا جھولا فوری طور پر آسانی کے ساتھ کہیں بھی چھپا کر اپنے آپ کو بچانے کے لیے کوشاں رہتے ہیں۔

جھارکھنڈ کے وجئے کا کہنا ہے کہ جھولا چھاپ کے طور پر وہ اپنا کام کرتے ہوئے بڑا مطمئن ہے۔ کیونکہ وہ لوگوں کی خدمت کر رہا ہے۔ اگر میرے گاؤں میں کوئی بیمار پڑتا ہے تو اس کو ڈاکٹر کو دکھانے کے لیے 25 کیلومیٹر کا فاصلہ طئے کر کے بلاک ہیڈ کوارٹر تک جانا پڑتا ہے۔ میں نے اپنے بچپن میں ایسے ہی جھولا چھاپ ڈاکٹرز دیکھے تھے اور میں بڑا ہو کر خود بھی جھولا چھاپ کے طور پر کام کر رہا ہوں اور اپنے گاؤں والوں کی خدمت کر رہا ہوں۔

وجئے کہتا ہے کہ جن کا وہ علاج کر رہا ہے ان سے پوچھیں وہ لوگ اس جیسے جھولا چھاپ ڈاکٹرز کی کتنی عزت کرتے ہیں۔ اس طرح کے جھولا چھاپ ڈاکٹر کی جھولی میں زیادہ تر ایلوپیتھی کی وہ دوائیں ہوتی ہیں جو بغیر ڈاکٹر کی پرچی کے میڈیکل شاپ کے کاؤنٹر سے حاصل کی جاسکتی ہیں۔ جس میں Ibuprofen اینٹی بائیوٹکس اور پیراسی ٹامول کے انجکشن شامل ہیں۔

جھارکھنڈ کے جانی چمپا ضلع کے ملکھا روڈا بلاک میں وجئے اور اسی کی طرح کے جھولا چھاپ لوگ جنگل اور خراب سڑکوں پر گھومتے ہوئے پانچ کیلومیٹر کے علاقے تک لوگوں کو اپنے طور پر دوا تجویز کرتے ہیں۔ ایک جھولا چھاپ ڈاکٹر وجئے کے حوالے سے بتلایا گیا کہ ہم کئی کئی کیلومیٹر پیدل چل کر لوگوں کو ان کے گھروں پر طبی خدمات فراہم کرتے ہیں۔

دیہی صحت کی شماریات 2019-2020 کے مطابق جھارکھنڈ میں پرائمری ہیلتھ کیئر

سنٹر پر 404 ڈاکٹرس کی قلت ہے۔ قبائیلی علاقوں میں ہیلتھ اسسٹنٹ کی بھی 31/ جولائی 2020 تک 1393 جائیدادیں مخلوعہ ہیں۔

تربیت یافتہ ہیلتھ پروفیشنلس کی قلت، سڑکوں کا خراب نیٹ ورک، گھنے جنگلات اور نکسلائٹ کی سرگرمیوں سے پیدا ہونے والے تشدد کے ماحول میں دیہی عوام کی اکثریت اپنے گھروں سے دور دراز مقامات پر جانا پسند نہیں کرتی۔ ایسے میں جھولا چھاپ نام نہاد ڈاکٹرس کی دکانیں خوب چلتی ہیں۔

جب تک مریضوں کو اپنے گھروں پر یا گھر سے قریب جھولا چھاپ غیر تربیت یافتہ ڈاکٹرس کی خدمات ملتی رہتی ہیں لوگ ان کو ہی اپنا مسیحا مانتے ہیں اور یہ سلسلہ اس قت تک جاری رہتا ہے جب تک سب کچھ ٹھیک ٹھا رہے۔ اگر مریض کو جھولا چھاپ ڈاکٹر کی دوا سے کچھ نقصان ہو تب ہی بات بگڑتی ہے۔

مل کھرودا بلاک جھارکھنڈ کے بے زمین زرعی مزدور رتھ بھائی واضح طور پر کہتے ہیں کہ ان کے خاندان میں جب کوئی بیمار پڑتا ہے تو وہ لوگ سب سے پہلے جھولا چھاپ ڈاکٹر کو ہی تلاش کرتے ہیں کیونکہ ہمارے پاس موٹر بائیک بھی نہیں تو ہم کیسے کسی کو سرکاری دواخانے لے جانے کے بارے میں سوچ سکیں۔ اس کے علاوہ ہمارے پاس رقم بھی نہیں تو یہی جھولا چھاپ ڈاکٹر ہمارے کام آتے ہیں۔ اگر ہم کسی طرح دواخانہ (سرکاری) چلے بھی جائیں تو وہاں پر ڈاکٹر جو دوائی لکھتا ہے وہ ہمیں باہر فارمیسی سے خریدنا پڑتا ہے جو ہمیں ادھار یا مفت میں کچھ بھی نہیں دیتے۔

مل کھرودا بلاک جھارکھنڈ کی کل آبادی مردم شماری کے 2011 کے جائزوں کے مطابق 108 گاؤں میں 1,40,175 نفوس کی آبادی ہے۔ اس بلاک کی جملہ آبادی کے لیے

صحافت برائے صحت مصنف: محمد مصطفی علی سروری

صرف 4 ایلوپیتھی کے ڈاکٹرس کام کرتے ہیں۔ یہ لوگ ایک دواخانے ایک ڈسپنسری اور پانچ پرائمری ہیتھ کیئر سنٹرس پر کام کرتے ہیں۔ اور 23 سب ہیلتھ کیر سنٹرس کے لیے ذمہ دار ہیں (بحوالہ ڈسٹرکٹ شماریات رپورٹ برائے 15-2014)

مل کھرودا بلاک کے میڈیکل آفیسر (بی ایم او) ڈاکٹر رویندرا سدرا کے مطابق حکومتی طبی سہولتی مراکز جو دیہی علاقوں میں ہیں وہاں پر تربیت یافتہ افرادی قوت اور انفراسٹرکچر کی شدید قلت ہے۔ ڈاکٹر رویندر کا کہنا ہے کہ مل کھرودا بلاک کے ایک ایک گاؤں میں دو سے تین لوگ جھولا چھاپ کے طور پر کام کرتے ہیں۔ اس طرح کے اندازے لگائے گئے ہیں۔

جھارکھنڈ میں طبی سہولیات کا ان شماریات سے اندازہ لگایا جاسکتا ہے۔ پورے ملک میں جھارکھنڈ وہ واحد ریاست ہے جہاں پر دیہی علاقوں میں سب سے زیادہ اموات واقع ہوتی ہیں۔ بچوں کی شرح اموات بھی جھارکھنڈ میں 42 ریکارڈ کی گئی جب کہ قومی سطح پر یہ شرح ایک ہزار بچوں کی پیدائش پر صرف 36 ہے۔ (بحوالہ وزارت صحت۔ مئی 2021 دیہی شماریات برائے صحت)

سال 2020 کے دوران بھی چھتیس گڑھ میں ملیریا سے 18 اموات واقع ہوئی تھی جو کہ پورے ملک میں سب سے زیادہ تھی۔ ان ساری مثالوں سے ہندوستان کے دیہی علاقوں کی صورت حال میں دستیاب صحت کی سہولیات کا اندازہ لگایا جاسکتا ہے۔

اس پس منظر میں میڈیا کی صحافیوں کی ذمہ داری ہے کہ وہ صحت کے متعلق با مقصدی رپورٹنگ کریں۔ عوام کو درپیش مسائل اور صحت کے شعبے میں کارگزار ملازمین اور رضا کاروں کے چیالنجس کو سمجھیں۔ مسائل کی صرف بروقت نہیں صحیح پس منظر کے ساتھ نشاندہی کریں تاکہ پالیسی سازوں کو فیصلہ سازی کے وقت صحیح مدد مل سکے۔

ہیلتھ کیئر کی تحقیقاتی رپورٹنگ کے لیے 10 ضروری باتیں

کویڈ 19 کی وباء نے عالمی سطح پر صحت عامہ کے حوالے سے ایک ایسا بحران پیدا کیا جس کی سابق میں کوئی نظیر نہیں ملتی ہے۔ اس عالمی وباء کی وجہ سے ہی پہلی مرتبہ عوام کی بڑی تعداد کو ٹیکوں کے بارے میں خبریں پڑھنے میں دلچسپی پیدا ہوئی۔ سبھی اس بات کو جاننا چاہتے تھے کہ کرونا کی بیماری سے محفوظ رکھنے والا ٹیکہ کب منظر عام پر آئے گا۔ میڈیا بھی پہلی مرتبہ ان تجربات کی خبر شائع کر رہا تھا جو کرونا کی بیماری سے نمٹنے کے لیے کیے جا رہے تھے۔ مسلسل کئی مہینے بلکہ دو ایک برس ایسے رہے جب میڈیا کے لیے سب سے بڑی اسٹوری کویڈ 19 رہا۔ صحافیوں میں پہلی مرتبہ صحت کے موضوعات کے کوریج کو لے کر ایک مسابقت چھڑ چکی تھی۔

کیتھرین ریوا اور سیرینا ٹینار ی ایک غیر منافع بخش تنظیم ری چیک کے کرتا دھرتا ہیں۔ یہ تنظیم حفظان صحت کے امور کی تحقیقات اور نقشہ کاری (منصوبہ بندی) کے لیے صحافیوں کی رہنمائی کرتی ہے۔ کویڈ 19 کے پس منظر میں اس تنظیم کی جانب سے صحافیوں کے لیے رہنمایانہ خطوط جاری کیے گئے جس کا خلاصہ ذیل میں پیش کیا جا رہا ہے تا کہ صحافی اور صحافت کے طلباء ہر دو کے لیے کام آسکیں۔ دونوں خواتین نے لکھا ہے کہ ہیلتھ کیئر کی تحقیقات ایک پیچیدہ اور مشکل کام ہے اس شعبہ میں رپورٹنگ کے لیے بھی بہت ضخیم دستاویزات کا مطالعہ کرنا پڑتا ہے۔ ساتھ ہی میدان طب کی اصطلاحات اور تراکیب سے صحیح طور پر واقفیت بھی ضروری ہے۔ اعداد و شمار بھی اس فن کا حصہ ہیں۔ سیکھنے کا عمل عمودی ہوسکتا ہے۔ صحافیوں کو صحت کی

تحقیقات کے خصوصی شعبہ میں کبھی اسٹوریز کی کمی کا سامنا نہیں ہوسکتا ہے۔

ذیل میں دس اہم نکات کا ذکر کیا جارہا ہے۔

1. زیادہ سادگی سے گریز کریں۔

موجودہ دور میں کوئی بھی چیز بالکل سیدھی اور سادہ نہیں ہے۔ خاص طور پر دواسازی کی صنعت یا حکومت کی جانب سے جاری کردہ معلومات کو خاص کر شک کی نگاہ سے دیکھیں۔ شواہد کے آزادانہ جانچ یا جائزہ پر وقت صرف کریں۔

معلومات معتبر ہیں یا نہیں، دوسر ذرائع سے موازنہ کریں۔ یہ بات ہمیشہ ذہن نشین رکھیں کہ صحت کے شعبے میں مفادات کا ٹکراؤ اور ایجنڈے بہ کثرت اور عام ہوتے ہیں۔ مختلف ممالک کا موازنہ ایک مشکل مشق ہوسکتی ہے۔ کیونکہ اختلافات اور پیچیدہ عوامل بھی اپنا کردار ادا کرتے ہیں۔

2. ماڈلز سے چوکنا رہیں

کویڈ 19 کے ابتدائی ماڈلس اس وقت بنائے گئے تھے جب اس وباء کے متعلق بہت کم مواد دستیاب تھا۔ ساتھ ہی بھی یاد رکھیں کہ وباء کی صورت حال غیر یقینی اور بے ہنگم ہوتی ہے۔ اس لیے کسی بھی ماڈل کے لیے یہ بہت مشکل ہے کہ وہ آنے والے دنوں میں حالات کیسے ہوں گے۔ اس کی صحیح طور پر پیش قیاسی کرسکیں۔

3. بہترین سائنسی شواہد کو ترجیح دیں۔

کویڈ 19 کی وباء کے متعلق دو برس بعد تحقیق کے ضخیم مجموعے سامنے آرہے ہیں اور کویڈ پر مطالعات بڑی تیزی کے ساتھ شائع ہورہی ہیں۔ ان میں سے کئی ایک رپورٹیں اور

جائزے عمومی طریقہ تحقیق سے ہوکر نہیں گذرے ہیں۔ اس وقت میڈیکل ریسرچ کی دنیا میں بہت شور شرابہ ہے۔ ایسے میں صحافی کا کام مشکل ہوتا ہے۔ خاکر وہ صحافی جن کو ہیلتھ رپورٹنگ کا تجربہ یا اس فیڈ میں مہارت نہیں ہے۔ اب مواد کے ہجوم میں کام کی باتیں تلاش کرنا مشکل ہوتا ہے۔ کسی میڈیکل اسٹڈی کی رپورٹ پڑھ کر اس میں سے کام کی باتیں ڈھونڈ نکالنا آسان کام نہیں ہے۔ اس لیے صحافی متبادل ذرائع کے بارے میں معلوم کرتے ہیں۔

4. سیاق وسباق فراہم کرنا۔

صحافی یہ بات ذہن نشین رکھیں کہ اعداد وشمار اسی وقت کارآمد ثابت ہوسکتے ہیں یا ان سے مفہوم اسی وقت اخذ کیا جاسکتا ہے جب اعداد وشمار کو کسی سیاق وسباق کے ساتھ پیش کیا جائے۔ مثال کے طور پر جب کویڈ 19 کے متاثرین یا مہلوکین کا چارٹ پیش کیا جارہا ہے تو ان اعداد کو مثبت یا منفی کس طرح اور کن بنیادوں ل پر کیا جائے گا۔ دواخانے میں زیر علاج مریض یا گھروں پر کویڈ سے متاثرہ مگر تیزی سے صحت یاب کس کو کس طرح پیش کیا جائے یا قارئین کو سمجھا یا جائے۔ کیا کسی وباء کو جانچنے کے لیے ایک ہی پیمانہ ہوسکتا ہے۔

کیا اس سے پہلے کبھی تاریخ میں ایسی کوئی صورت حال پیدا ہوئی یا حفظان صحت کے معاملات کی رپورٹنگ میں یہ عام بات ہے۔ ان سب کی وضاحت ضروری ہے۔

5. ایک سے زائد ذرائع استعمال کریں۔

ہیلتھ کیئر کا کوریج کرنے کے دوران ایک صحافی کو بہت سارے ذرائع ممکن ہے کہ دستیاب ہوں گے جن میں شعبہ صحت میں نگراں کا رول ادا کرنے والے ماہرین، آزمائشی تحقیق کرنے والے مریضوں کا گروپ، ادویات بنانے والی کمپنیاں اور اس سے جڑے لوگ اور

صحافت برائےصحت   مصنف: محمد مصطفی علی سروری

ایسے ہی بہت سے دوسرے ذرائع شامل ہیں۔ صحافی کو چاہیے کہ وہ مختلف ماہرین سے گفتگو کرے مگر ان سے ملنے والی معلومات کا بڑی دانشمندی کے ساتھ استعمال کریں۔ مثال کے طور پر کوویڈ 19 کے حوالے سے رپورٹ لکھنا ہو تو کسی وبائی امراض کے ماہر سے بات کی جاسکتی ہے۔ ساتھ اس وباء کے لیے ٹیکہ بنانے والے ماہرین سے بھی گفتگو کی جاسکتی ہے۔ کیونکہ وہ عالمی سطح پر پھیلنے والی مختلف وباؤں کے بارے میں معلومات اور مہارت رکھتے ہیں۔

لیکن صحافیوں کو چاہیے کہ وہ ماہرین کی معلومات کو بھی بڑی احتیاط کے ساتھ استعمال کریں۔ یہ ضروری نہیں کہ ماہرین کی کہی ہر ایک بات پر مکمل یقین کرلیا جائے جب طب کی فیلڈ کے ماہرین کو کوائف نامہ جتنا بھاری ہوگا صحافی ان کی گفتگو سے اتنا ہی جلد مرعوب ہو جاتا ہے لیکن ہمیں یہ بھی دیکھنا ہوگا کہ کہیں مفادات کا ٹکراؤ تو واقع نہیں ہو رہا ہے۔ عام طور پر صحافی صنعت کے بعض لیڈروں پر (ادویہ ساز صنعت) زیادہ اعتماد کرتے ہیں۔ یہ لوگ حکومت کے مشیران بھی ہوسکتے ہیں۔ عالمی ادارہ صحت کے اہلکار بھی اور دیگر بین الاقوامی تنظیمیں بھی ہوسکتی ہیں۔

6.   کسی چیز کا ہوا نہ کھڑا کریں۔

عام طور پر رپورٹر حضرات یہ غلطی کر بیٹھتے ہیں۔ وہ کم زور سائنسی ثبوت سے غلط نتائج اخذ کر لیتے ہیں۔ صحافیوں کو چاہیے کہ وہ اس بات کو ہرگز فراموش نہ کریں۔ میڈیا اور حکومت کے پیغامات کرونا بحران کے دوران عوامی جذبات کو بھڑکاتے رہتے ہیں جب کہ تحقیقاتی صحافت میں کارگذار حضرات کو چاہیے کہ وہ جذبات سے نہیں بلکہ ٹھنڈے دماغ سے کام لیں۔ حفظان صحت کے متعلق میڈیا رپورٹس جس میں دعوے ہوں ان سے محتاط رہیں۔ وہ حکومت یا

ادویہ ساز کمپنیوں کے پریس ریلیز سے اخذ کردہ ہوسکتی ہیں۔ وہ عام مشاہدے کے برخلاف ہوسکتی ہے۔اس لیے ہر طرح کے دعویٰ کی آزادانہ ذرائع سے جانچ کو یقینی بنائیں۔

7. طبی جانچ اس کے مختلف مراحل اور نتائج کو سمجھیں۔

صحافیوں کو اس بات کا علم ہونا چاہیے کہ ایک نئی دوا مارکٹ میں علاج کے لیے پیش کی جانے سے پہلے کن کن مرحلوں اور جانچ سے گذرتی ہے۔ ان سے کیا نتیجہ اخذ کیا جانا بہتر ہوگا۔ اکیڈیمک جرائد میں شائع ہونے والی تحقیق اور پریس ریلیز کے ذریعہ بھیجی جانے والی معلومات میں تفریق کرنا سیکھیں۔

کسی مرض کے علاج کی دوا جب تجرباتی مراحل سے گزر رہی ہو تو مکمل وضاحت کریں کہ یہ دوا کس مرحلے میں ہے اور ان تجربات کے نتائج کی بنیادوں پر کب تک اس دوا کے مارکٹ میں دستیابی کے آثار ہیں۔ قارئین اور ناظرین کو کسی ویکسین کے تجرباتی مراحل سے واقف کروا رہے ہوں تو وضاحت کریں کہ تجربات کن مراحل میں ہیں، کتنے افراد کے گروپ پر تجربہ کیا جا رہا ہے۔ ان لوگوں کا انتخاب کیسے کیا گیا جن پر تجربہ کیا جا رہا ہے۔ کیا تجربے کے ابھی تک کے سارے مراحل کے نتائج کو جاری کر دیا گیا ہے یا نہیں۔ ان سب باتوں کو ملحوظ رکھیں۔

گیری شوبز نے اپنی گائیڈ Covering Medical Research میں لکھا ہے کہ ''طب کی دنیا میں تمام تجربات مساوی نہیں ہوتے ہیں۔ اس لیے ان کو ایسے انداز میں رپورٹ نہ کریں جس سے وہ برابر لگیں۔''

8. بڑے شخص ''والے بیانیہ پر سوال اٹھائیں۔''

طب کے شعبے میں اگر آپ ''بڑے شخص'' کی تلاش میں رہیں گے تو ممکن ہے کہ آپ شواہد کی غلط بیانی کر بیٹھیں۔ آپ جتنا زیادہ ہیلتھ شعبہ میں رپورٹنگ کا تجربہ حاصل کرتے جائیں گے تو آپ کو معلوم ہوگا کہ یہ نقطہ نظر بہت سادہ ہے۔

جب آپ سچ کیا ہے کی تلاش کریں گے تب آپ کو معلوم ہوگا کہ اسٹوری میں ایسے بہت سارے غیر واضح کردار ہیں جو بظاہر تو مریضوں کی طرف داری کرتے نظر آئیں گے مگر ان کا اپنا خود کا ایجنڈا ہے جس پر وہ کام کر رہے ہوتے ہیں۔

9. بڑے کرداروں پر سوال

ادویات بنانے والی کمپنیوں کا اثر و رسوخ ہر جگہ موجود ے۔ میڈیکل مارکٹنگ آسمان سے باتیں کر رہی ہیں۔ اس پس منظر میں ایک صحافی کو چاہیے کہ وہ یہ سوال ضرور پوچھے کہ کس دوا کی کتنی مقدار مفید اور مددگار ہے اور کونسی ادویات کے منفی اثرات مرتب ہوسکتے ہیں۔ میڈیکل جرنلس میں شائع ہونے والے شواہد سمیت ہر چیز پر سوال اٹھایا جانا چاہیے۔

بائیومیڈیکل میگزین کی جانب سے استعمال کردہ بزنس ماڈل کی وجہ سے مواد اشتہار بازی کی وجہ سے متاثر ہوسکتا ہے اور بعض جرائد ''مکرر اشاعت'' "Reproduced" مواد پر انحصار کرتے ہیں۔ ایسی صورت حال میں ایسے میگزین کے مواد کو خاص کر وہ مواد جو دوبارہ شائع ہوا ان کو باریک بینی سے دیکھنے کی ضرورت ہے۔ عام طور پر ادویات بنانے والی کمپنیاں بھی آرٹیکلس شائع کرنے والی میگزین کو اشتہارات جاری کرتی ہی اور اس طرح کے مکرر اشاعت والے آرٹیکلس کا مقصد مارکٹنگ بھی ہوسکتا ہے۔

10. کمیوں کی تلاش کریں

اگر کسی خاص دوا یا ویکسین کی منظوری کی خبر ہو تو منظوری کے پورے عمل کا جائزہ لیں۔ کیا تمام معیارات کو برقرار رکھا گیا۔ کیا اسپانسر نے کوئی رعایتیں تو حاصل نہیں کی۔ دوا یا ویکسین کے ضمنی اثرات کا پتہ چلائیں۔ منظوری کے عمل پر سوال اٹھائیں۔ کیونکہ ایک سائنس داں مالسٹوں کی پیکیجنگ کو انداز نہائی پیش کے طور پر استعمال کرنے کی منظوری لینے میں کامیاب ہو گیا تھا۔ یہ اس بات کا ثبوت ہے۔ منظوری کا عمل ہمیشہ درست کام نہیں کرتا۔

طب کی اور طبی معلومات کی ترسیل

ہیلتھ جرنلزم طب کی اور طبی معلومات کی ترسیل کا نام ہے۔ صحت کی صحافت کے تحت متنوع موضوعات کی رپورٹنگ کی جاتی ہے۔ جیسے

(1) صحت کی خبریں (2) طبی تحقیق اور اس کی اشاعت (3) صحت کے متعلق حکومتی پالیسیاں، پروگرام اور ان کا تجزیہ (4) صحت کی صحافت یا صحافت برائے صحت میں ورقی اور برقی دونوں صحافتی وسائل کو بروئے کار لایا جاتا ہے۔

صحافت برائے صحت نہ صرف انسانی صحت کے متعلق لوگوں کے برتاؤ اور معلومات میں تبدیلی لانے کا سبب بنتی ہے بلکہ عالمی سطح پر صحت کے میدان میں ناکافی معلومات یا گمراہ کن معلومات کی ترسیل صحت عامہ کے لیے ایک بڑا خطرہ ہے۔

موجودہ دور میں صحت کے متعلق بہت سارے ذرائع خبروں کی ترسیل کر رہے ہیں۔ لیکن ترسیل کے اس عمل کے دوران بہت سارے سیاسی، اقتصادی، ثقافتی اور سیکوریٹی عوامل اثر انداز ہو کر صحت کے متعلق غلط خبروں کی ترسیل کر رہے ہیں۔ یہ ایسی پر خطرہ ترسیل ہے جس سے انسانی صحت کو خطرات سے دو چار ہونے کا خدشہ پیدا ہو گیا ہے اور ساتھ ہی نقصاندہ صحت کی پالیسیوں کی تشکیل کا خطرہ بھی بڑھ گیا ہے۔

امریکہ میں کیے گئے سروے سے یہ بات سامنے آئی ہے کہ ایک تہائی صحافیوں نے اس بات کو تسلیم کیا کہ صحت کے مسائل کو سمجھنا یا صحت کے شعبے کے اعداد و شمار کے متعلق آگاہی

اور تشریح کو سمجھنا یا ہمیشہ ایسا کرنا مشکل ہوتا ہے۔

یوروپ کے برسرکار صحافیوں کے درمیان کیے گئے سروے سے بھی یہ بات ثابت ہوئی ہے کہ صحت سے متعلق موضوعات کی رپورٹنگ میں بہت سارے چیالنجس درپیش ہیں۔ جن میں صحت کے موضوعات پر کوریج کے لیے میڈیا کے انتظامیہ کی کم آمادگی بھی شامل ہے۔ اس کے علاوہ سرکاری حکام کی طرف سے درست معلومات کی عدم فراہمی طبی تربیت کی کمی، اعداد وشمار کی تشریح کے مسائل۔

میڈیکل اصطلاحات کا ترجمہ:

صحافت بارئے صحت کا ایک اہم بنیادی مسئلہ طبی اصطلاحات اور زبان کا ترجمہ ہے۔ طلبہ اس بات کو ذہن نشین رکھیں کہ ترجمہ کے مسئلہ سے مراد انگریزی سے اردو میں ترجمہ کا نہیں ہے بلکہ خود انگریزی صحافی بھی میڈیکل زبان کا آسان فہم زبان میں ترجمہ کرتے وقت یا ترجمانی کرتے ہوئے دقّت محسوس کرتے ہیں۔

طبی دستاویزات کا ترجمہ تو مسئلہ ہے ساتھ ہی ان دستاویزات کی تشریح کرنے میں بھی دشواریاں ہوتی ہیں۔ اس کے علاوہ طبی ماہرین کی جانب سے استعمال کی جانے والی اصطلاحات اور زبان کے علاوہ طبی موضوعات پر قابل بھروسہ ذرائع کا فقدان بھی صحافت برائے صحت کا ایک اہم چیالنج ہے۔

صحت کی رپورٹنگ اور مارکٹنگ کے درمیان جو خط امتیاز ہے وہ بڑی تیزی کے ساتھ دھندلاتا جارہا ہے۔

ٹی جیاکب نے تین ایسی صورتوں کا ذکر کیا ہے جہاں پر رپورٹرس کو مفادات کے

ٹکراؤ کی صورت حال درپیش ہوتی ہے جہاں پر رپورٹرس اور ایڈیٹرس کو مفادات کے ٹکراؤ کی صورت حال کا سامنا کرنا پڑ رہا ہے۔

(1) صنعتوں کی جانب سے اسپانسر کردہ انعامات یا ایوارڈس قبول کرنا۔

(2) انڈسٹری کے تعاون سے چلائے جانے والے تربیتی پروگراموں میں شرکت کرنا۔

(3) انڈسٹری کی جانب سے فراہم کردہ ذرائع پر انحصار کرنا۔

پیشۂ طب اور پیشہ صحافت:

ڈاکٹر اور صحافی دونوں کی ذمہ داریاں دو بھاری تلواروں کی مانند ہے۔ ان دونوں پیشوں کے اخلاقی تقاضے بھی ہیں جن کو پورا کرنے کے لیے ڈاکٹرس اور صحافی ہر دو ممکنہ طور پر کوشش کرتے رہتے ہی۔ ڈاکٹرس کو کہا جاتا ہے کہ وہ اپنے مریضوں کے ساتھ کوئی نقصان یا ناانصافی نہ کریں۔ اس کے علاوہ ڈاکٹرس اس بات کا بھی حلف لیتے ہیں کہ وہ اپنے مریضوں کی زندگیوں کے بارے میں جو کچھ معلومات رکھتے ہیں اس کو پوشیدہ رکھیں گے اور صحافی کے لیے بھی ضروری ہے کہ وہ اعداد و شمار اور حقائق کی غیر جانبدارانہ انداز میں رپورٹنگ کریں۔ اپنی پسند ناپسند اور رائے کا ہمیشہ بالائے طاق رکھیں۔

ہیلتھ رپورٹنگ اور فیک نیوز ایک چیالنج

4/اگست 2021 کو اردو زبان کے ایک نامعلوم اخبار کی خبر کی فوٹو فیس بک پر شئیر کی گئی جس کی سرخی تھی ''کرونا ویاکسین کے خطرناک نتائج۔ دنیا بھر میں ہلاکتوں کا سلسلہ شروع'' اس تصویر کو 11 ہزار لوگوں نے شیئر کیا۔

لیکن عالمی خبر رساں ایجنسی اے ایف پی کی 31/اگست 2021 کی رپورٹ کے مطابق یہ ایک گمراہ کن خبر ہے۔

کیا گمراہ کن خبروں کی اشاعت کا مسئلہ صرف اردو اخبارات تک محدود ہے تو اس کا جواب ہے کہ نہیں۔ خاص کر کرونا وائرس سے متعلق کئی ایک خبریں انگریزی صحافت میں اور خاص طور پر بین الاقوامی مشہور اخبارات میں بھی شائع ہوئی ہیں جو بعد تحقیق کے غیر ذمہ دارانہ اور غیر تصدیق شدہ ثابت ہوئی ہیں۔

جون 2021 کے دوران برطانیہ کے انگریزی اخبار Mail online میں شائع ایک رپورٹ میں دعویٰ کیا گیا کہ برطانیہ میں کرونا کی ویاکسن لینے والی تقریباً 4 ہزار خواتین نے اپنی ماہواری میں بے قاعدگی کی شکایت کی ہے۔

عوامی صحت کے اعلیٰ اہلکاروں نے اس خبر پر وضاحت کی کہ کویڈ ویاکسین اور خواتین کی ماہواری کے مسئلہ میں ایسا کوئی تعلق نہیں ہے۔ جس کا خبر میں دعویٰ کیا گیا ہے۔

سوشیل میڈیا پر طرح طرح کے دعوے کیے جاتے ہیں۔ ایسا ہی ایک دعویٰ یہ کیا گیا

کہ کویڈ ویاکسن لینے سے ایک ہزار سے زائد ہندوستانیوں کی موت واقع ہوگئی اور 30 ہزار سے زائد افراد ویاکسین کے منفی اثرات سے متاثر ہوگئے۔ سوشیل میڈیا کے اس گمراہ کن پوسٹ میں یہ دعویٰ کیا گیا کہ یہ خبر ہندوستانی اخبار دی ہندوستان ٹائمز میں شائع ہوئی ہے۔

اس حوالے Key Word اخبار کی ویب سائٹ پر سرچ کرنے کے باوجود ایسی کسی رپورٹ کے بارے میں کوئی نتیجہ نہیں نکلا۔ اے ایف پی (AFP) کی رپورٹ کے مطابق جب اخبار کے انتظامیہ سے اس حوالے سے استفسار کیا گیا تو اخبار نے بتلایا کہ ہم نے ایسی کوئی رپورٹ ہرگز شائع نہیں کی ہے۔ اخبار کے ایڈیٹر ان چیف سوکمار رنگناتھن نے AFP کو بتلایا کہ اس طرح کی ڈرانے والی خبروں کی ہم اشاعت نہیں کرسکتے ہیں۔ خاص کر بہت غلط اعداد و شمار والی خبر کی اشاعت ہمارے اخبار میں ممکن نہیں۔

17 رمئی 2021ء تک حکومت ہند کی وزارت صحت کے مطابق 23 ہزار کے قریب ناگہانی حالات کے بارے میں پتہ چلا ہے جس میں سے 700 کیس سنگین نوعیت کے تھے۔ وزارت کے مطابق ٹیکہ اندازی کے بعد ناگہانی حالات کی رپورٹنگ کی شرح (0.61) ملین ٹیکے رہی ہے۔

16 رجون 2021ء تک کرونا ویاکسین لینے کے بعد 488 اموات رپورٹ ہوئے ہیں لیکن ان میں سے بھی صرف ایک ہی موت ایسی تھی جس کا ٹیکہ اندازی سے تعلق ہونے کی تصدیق ہوسکی تھی۔

اس طرح یہ بات ثابت ہوتی ہے کہ سوشیل میڈیا اور مین اسٹریم میڈیا ہر دو میں صحت کے حوالے سے رپورٹنگ ایک چیالنجنگ ذمہ داری ہے۔ جس سے نمٹنے کے لیے صحافیوں کو ٹریننگ اور وقتاً فوقتاً ورکشاپ کے ذریعہ تربیت کی ضرورت ہے۔

میڈیکل جرنلزم کیا ہے؟

جیسا کہ نام سے ہی ظاہر ہے میڈیکل جرنلزم سے مراد میڈیکل رپورٹنگ اور فیچرس ہیں۔ ان کو دو زمروں میں بانٹا جاسکتا ہے۔ اول تو وہ مواد/خبریں/رپورٹس جو عام عوام کے لیے ہوں جن کا تعلق راست طور پر ان لوگوں سے ہی جڑا ہوا ہو۔ دوم وہ رپورٹس اور فیچرس جو صرف ڈاکٹرس اور ہیلتھ کیئر کے شعبہ میں سرگرم عمل افراد اور ماہرین کے لیے ہوں جو کہ عام طور پر Peer Journals میں شائع ہوتے ہیں۔

کورونا وائرس نے جب عالمی وباء کی شکل اختیار کر لی تو صحت عامہ اور صحت مند خبر رسانی کے ماہرین نے عوام کو اس کے بارے میں آگاہ کرنے کو ضروری سمجھا تاکہ کرونا وائرس کے مزید پھیلاؤ کو روکا جاسکے۔

میڈیکل جرنل سے وابستہ صحافیوں، تجزیہ نگاروں اور دیگر ماہرین کے لیے غلط اطلاعات کا سامنا کرنا ایک چیالنج تھا کیوکہ اس وائرس کے بارے میں خود صحافیوں کو درست معلومات حاصل کرنا ضروری تھا اور پھر درست معلومات کی ترسیل کو یقینی بنایا تھا۔

طلبائے صحافت اس صورت حال سے سمجھ سکتے ہیں کہ درست ترسیل ہیلتھ جرنلزم کی بنیادی ضرورت ہے۔ کیونکہ جب دنیا کو ایک ایسی بیماری کا سامنا ہو جس کا ابھی تک علاج یا ٹیکہ ہی دریافت نہیں ہوا تو اس بیماری کے پھیلاؤ کو روکنا ہی اس کے مقابلے کی پہلی ضرورت تھی اور اس سارے کام میں عوام تک درست معلومات پہنچنا چاہیے کیونکہ بیماری سے مقابلے کے لیے

ہر ایک کو اپنے معیار زندگی کو بہتر بنانا ہوگا۔ احتیاطی تدابیر اختیار کرنا ضروری ہوگا۔

اس سارے پس منظر میں بیماری کی روک تھام اور علاج سے لے کر ڈاکٹرس، نرسس، انشورنس اداروں کے علاوہ ماہرین بھی مریضوں کے ساتھ بات چیت کرنے تک ہر چیز کے لیے درست خبر رسانی ضروری ہے۔

حفاظتی ٹیکوں، حفظان صحت اور حفاظتی نگہداشت کے دیگر عناصر جیسے موضوعات کے بارے میں موثر بات چیت ایک تیزی سے پھیلنے والی وباء اور اس کے پھیلاؤ میں کمی یا وباء کی سنگین حد تک پھیلاؤ کے درمیان فرق پیدا کر سکتی ہے۔

نارتھ ویسٹرن یونیورسٹی کے پروفیسر بروس ایل لیمبرٹ کے مطابق اگر آپ ہیلتھ جرنلزم کے بارے میں روایاتی انداز فکر سے دیکھیں تو اس میں ترسیل کو صحت کے نقطہ نظر سے دیکھا جاتا ہے۔ اور میری دانست میں ہیلتھ جرنلزم صرف صحت کے متعلق ہی نہیں بلکہ مریض کی صحت، حفظان صحت کے معیار اور اس طرح کئی چیزوں کے بارے میں بھی سونچنا ہے۔

میڈیکل موضوعات کا کرونا سے پہلے بھی میڈیا میں کوریج ہوا کرتا تھا اور کرونا کے بعد میں اس میں اضافہ ریکارڈ کیا گیا۔ میڈیا میں کوریج کا اثر عام عوام، پالیسی سازوں اور طبی خدمات فراہم کرنے والوں پر پڑتا ہے۔ اس لیے ضروری ہے کہ میڈیا میں طبی موضوعات کا مناسب وموزوں طریقے سے کوریج ہو۔ جو بھی معلومات فراہم کی جائیں وہ بالکل درست ہو۔

لیکن میڈیا میں طب کے بہت سارے موضوعات پر قیاس آرائیوں، غلط معلومات، گمراہ کن اطلاعات کو جگہ دینے کا الزام بھی لگایا جاتا ہے۔ اس پس منظر میں طلبائے صحافت کو صحیح تربیت فراہم کرنے کے لیے مولانا آزاد نیشنل اردو یونیورسٹی نے انڈر گریجویٹ اور پوسٹ گریجویٹ دونوں سطحوں پر ہیلتھ جرنلزم کو ایک لازمی پرچے کے طور پر متعارف کروایا

ہے تاکہ دوران تعلیم ہی ان کی مناسب تربیت ہو سکے۔

کیونکہ صحافت کے میدان میں جو چیالنجس درست ہیں اگر طلبہ کو کمرہ جماعت میں ہی ان سے آگاہ کر دیا جائے تو ان طلبہ کے لیے بعد تکمیل کورس فیلڈ میں جا کر کام کرنا نسبتاً آسان رہتا ہے۔اس پس منظر میں اقوام متحدہ کے ذیلی ادارے UNICEF کے تعاون سے شعبہ ترسیل عامہ وصحافت،مولانا آزاد نیشنل اردو یونیورسٹی نے ہیلتھ رپورٹنگ اور ہیلتھ جرنلزم کا نصاب تشکیل دیا ہے۔

ناروے کے ڈاکٹر اینڈریو ڈی اوکسمین Dr. Andrew D. Oxman کی ایک تحقیقی رپورٹ کے مطابق 37 مما لک میں ہیلتھ رپورٹنگ کرنے والے صحافیوں کا سروے کیا گیا تو یہ بات سامنے آئی کہ صحافیوں کو سب سے زیادہ دقت درج ذیل امور میں آتی ہے۔

(1) صحافیوں کو رپورٹنگ کے دوران وقت کی تنگی

(2) جگہ اور معلومات کے ساتھ ساتھ کم دورانیہ میں رپورٹنگ کا مسئلہ

(3) نئی نئی اصطلاحات کے ساتھ بڑی مشکلات

(4) Sources کی تلاش اوران کی معلومات کے استعمال کا مسئلہ

(5) ایڈیٹران کے ساتھ ان کو قائل کرنے کا مسئلہ

(6) میڈیاء اداروں میں تجارتی منافع کی ذہنیت کا مسئلہ

ان سبھی مندرجہ بالا امور میں سے وقت کی تنگی،معلومات کی کمی ایسے مسائل ہیں جو ہیلتھ جرنلزم کے رپورٹر اور صحافی کو سب سے زیادہ پریشان کرتے ہیں۔

صحافیوں نے نشاندہی کی کہ اگر وہ ہیلتھ کے موضوعات پر قلم اٹھانے کے لیے آمادہ ہو جائیں تو ان کے لیے بڑا مسئلہ آزاد وغیر جانبدار ماہرین کی تلاش کا ہے جن کی مدد سے طبی

موضوعات کا صحیح کوریج کیا جا سکے۔

ایسے میں جہاں یونیورسٹیز کی یہ ذمہ داری ہے کہ وہ صحافت کے تربیتی کورسز کے دوران ہیلتھ جرنلزم کو نصاب میں شامل کریں وہیں حکومت کی جانب سے اور غیر سرکاری تنظیموں کی جانب سے وقتاً فوقتاً ہیلتھ جرنلزم کے شعبے میں برسرکار صحافیوں کے لیے تربیتی ورکشاپس کا انعقاد بھی ضروری ہے۔

یونیسیف جیسے عالمی ادارے کے تعاون سے مولانا آزاد نیشنل اردو یونیورسٹی کے شعبۂ ترسیل عامہ وصحافت نے کئی مرتبہ اردو و دیگر زبان کے برسرکار صحافیوں کے لیے ہیلتھ جرنلزم پر تربیتی ورکشاپ کا انعقاد کرتے ہوئے صحافیوں کے لیے تربیت کا سامان فراہم کیا ہے۔

میڈیکل جرنلزم

Lawrence K Altman، میڈیکل کرسپانڈنٹ، دی نیویارک ٹائمز، امریکہ

اپنے دیرینہ صحافتی تجربے کی بنیادوں پر الٹمین لکھتے ہیں کہ صحت کے موضوع پر اور طب کے متعلق رپورٹنگ کرنا مشکل اور پیچیدہ کام ہے۔ طب کے میدان میں کام کرنے والے ڈاکٹرس اپنے آپ کو باخبر رکھنے کے لیے ہمیشہ دوسرے ڈاکٹرس کے ساتھ بات چیت کرتے رہتے ہیں۔ ڈاکٹرس نے اس بات کی اہمیت کو تسلیم کیا کہ عوام کے ساتھ مسلسل بات چیت کرتے رہنا سودمند ہے۔ حالانکہ حال حال تک بھی ڈاکٹرس اس حوالے سے غفلت برتا کرتے تھے۔ مواصلات کے میدان میں تیز رفتار ترقی نے عوام کے لیے بھی طبی معلومات کا حصول آسان کرنے کام کیا ہے۔ لیکن عوام تک طبی معلومات انٹرنیٹ، ٹیلی ویژن، ریڈیو، میگزین کے کالم اور اخبارات کے ذریعہ ہو رہی ہے۔ اس وجہ سے بھی بسا اوقات الجھن پیدا ہوتی ہے اور متضاد اطلاعات ملتی ہیں۔ ایسے میں سچ کیا ہے، حقیقت کیا ہے اس کا تعین کرنا عوام اور ڈاکٹرس ہر دو کے لیے ایک چیالنج بن گیا ہے۔

لارنس کے آلٹمین لکھتے ہیں کہ میں گذشتہ چار دہائیوں سے نیویارک میں کے لیے بحیثیت ڈاکٹر اور صحافی کے طور پر کام کر رہا ہوں۔ اپنے تجربے کی بنیادوں پر وہ کہتے ہیں کہ صحافت برائے صحت کی صحیح تشریح بے حد ضروری ہے۔ کیونکہ اگر تشریح ہی درست نہ ہو تو صحافت برائے صحت کی درستگی اور بہتر کارکردگی کی توقع فضول ہے۔

صحافت برائے صحت مصنف: محمد مصطفیٰ علی سروری

لارنس کے مطابق میڈیکل فیلڈ کے ماہرین اور سائنس سے آگاہ افراد ہی صحافت برائے صحت کا مؤثر استعمال کر سکتے ہیں۔ ان کے الفاظ میں خود سائنس داں حضرات بھی صحافت برائے صحت کی بہت محدود معلومات رکھتے ہیں۔

اس پس منظر میں صحافت برائے صحت کی اہمیت مزید بڑھ جاتی ہے۔

حالیہ کچھ برسوں کے دوران امریکہ میں طب اور صحافت کے پیشوں میں بہتری ریکارڈ کی گئی ہے۔ صحافیوں اور طبی ماہرین کے درمیان مکالمہ میں اضافہ ریکارڈ کیا گیا جس سے صحافیوں کو طبی موضوعات پر لکھنے میں آسانی پیدا ہوتی ہے۔

آج بھی طب کے بہت سارے موضوعات ہیں جس پر مزید لکھے جانے کی ضرورت ہے۔ ریاست ہائے متحدہ امریکہ میں صحت کے موضوع پر چاہیے اخبارات میں لکھا جائے یا ریڈیو، ٹی وی پر رپورٹ پیش کی جائے۔ سبھی لوگ بڑی دلچسپی کے ساتھ پڑھتے دیکھتے اور سنتے ہیں۔ امریکی میڈیا کے متعلق کہا جاتا ہے کہ ہر روز صحت کے متعلق ایک خبر تو بحر حال پڑھنے دیکھنے اور سننے میں آجاتی ہے۔

چونکہ امریکہ میں طب کے میدان میں دنیا بھر میں سب سے زیادہ تحقیقی کام ہوا ہے اس وجہ سے بھی امریکی میڈیا، میں طب کے متعلق خبروں کو مناسب اہمیت دی جاتی ہے۔

آیئے اب بنیادی سوال کے متعلق بات کرتے ہیں کہ آخر طب کی صحافت کی صحیح تشریح کیا ہے اور لارنس اس کے متعلق کیا لکھتے ہیں۔ سائنس دانوں کا ماننا ہے کہ بہتر طور پر طبی صحافت کو اسی وقت استعمال کیا جاسکتا ہے جب طبی صحافت کی بہتر طور پر تشریح کی جائے۔ اپنے تجربے کی بنیاد پر لارنس کہتے ہیں کہ

"طبی ماہرین اور سائنس کے ماہرین کا ماننا ہے کہ طبی صحافت کا تعلق عام آدمی سے ہے۔ اس

لیے طبی صحافت کی زبان عام آدمی کے لیے آسانی سے سمجھ میں آنے والی ہونی چاہیے۔

سائنس داں صحافت کے بارے میں محدود خیال رکھتے ہیں کہ وہ صرف مقبول عام اصطلاحات تک محدود ہوگی۔جس میں اخبارات، رسائل، ریڈیو، ٹیلی ویژن اور ٹی وی ہیں۔ جبکہ صحافت کا مفہوم اس سے بھی آگے ہے اور میدان صحافت میں مقبول عام ذرائع بڑی اہمیت رکھتے ہیں جن کے ذریعہ سے عوام تک اطلاعات پہنچانے کے لیے اخبارات کے لیے علاوہ اب ٹی وی اور سوشیل میڈیا ایک بڑا ذریعہ بن چکے ہیں۔

میدانِ صحافت میں صحافی اس بات پر توجہ مرکوز کرتا ہے کہ کونسی اطلاع تازہ ترین ہے۔اسی پیمانے پر وہ خبر کی اہمیت کا تعین کرتا ہے۔نئی رپورٹس کی تصدیق کرنا،مواد کو ڈیڈ لائن کے حساب سے پیش کرنا جو کہ وقت کے ساتھ مختلف ہوتی ہے ہر روز صحافی کے لیے ڈیڈ لائن الگ ہوجاتی ہے۔اخبار کے لیے الگ، میگزین اور رسائل کے لیے الگ مہلت ملتی ہے۔

پہلے کے مقابل اب طبی خبروں کو کوریج بڑھ گیا ہے۔لیکن کرونا بحران نے اس بات کو ثابت کیا ہے کہ غلط، بے بنیاد اور گمراہ کن خبریں عوام میں بڑی تیزی سے پھیل جاتی ہیں۔ اخبارات کے مواد کی نگرانی کا میکانزم ضرور ہے لیکن سوشیل میڈیا کی موثر نگرانی اور غلط اطلاعات کو پھیلانے سے روکنے کے لیے اقدامات ناکافی اور غیر تشفی بخش قرار دیئے جا سکتے ہیں۔

کیا صحافیوں کو بیماریوں سے بھی واقفیت رکھنا ضروری ہے؟

اس سوال کا سیدھا سا جواب ہے ہاں۔

عام طور پر کسی سیاست داں کی صحت ہو یا فلم اسٹار یا کوئی عوامی سلیبریٹی۔ ان کی زندگی اور ان کی صحت کو لے کر میڈیا اپنے قارئین کو لمحہ بہ لمحہ آگاہ رکھنا چاہتا ہے۔ ایسے میں صحافیوں کے لیے ضروری ہے کہ بعض ایسی بیماریوں سے واقف رہیں جس کے لاحق ہونے سے افراد کی عام زندگی متاثر ہو جاتی ہے۔

تاملناڈو کی سابقہ وزیر اعلیٰ جیہ للیتا ہندوستان کی پہلی خاتون چیف منسٹر تھی جن کے انتقال اس وقت ہوا جب کہ وہ ابھی وزیر اعلیٰ کے عہدہ پر براجمان تھیں۔ 22ر ستمبر 2016 کو پہلی مرتبہ جیہ للیتا کو چینائی کے اپولو دواخانہ میں شریک کروایا گیا۔ جب انہیں شدید انفیکشن لاحق ہو گیا تھا اور وہ شدید طور پر DeHyderation کا شکار ہو گئی تھیں۔

22ر ستمبر 2016 سے لے کر 5ر دسمبر 2016 تک تاملناڈو کی خاتون وزیر اعلیٰ جیہ للیتا ریاست کی چیف منسٹر بھی رہی اور اپنی علالت کے سبب دواخانہ میں شریک رہیں۔ 6ر دسمبر 2016 کو آخر کار اپولو ہاسپٹل نے باضابطہ طور پر ان کی موت کی تصدیق کی۔ عزیز طالب علمو اس سارے عرصے کے دوران پوری ریاست ٹاملناڈو ہی نہیں پورے ملک میں ان کی صحت کو لے کر خبروں کا کوریج کیا جاتا رہا۔

وزیر اعلیٰ کی صحت کے متعلق اگر چہ اپولو دواخانے کی جانے سے میڈیا کے لیے

باضابطہ طور پر بلیٹن جاری کیا جاتا تھا۔ لیکن صحافی حضرات وزیر اعلیٰ کی صحت کو لے کر طرح طرح کی دقت محسوس کرتے تھے کہ وزیر اعلیٰ کی بیماری کیا ہے اس بیماری میں صحت یابی کی شرح کتنی ہے وغیرہ وغیرہ۔ اسی طرح سابق وزیر اعظم اٹل بہاری واجپائی کے گھٹنوں کی جب سال 2001ء میں سرجری کی گئی تو اس وقت بھی اس موضوع پر گھٹنوں کی سرجری کتنی ضروری، کتنی فائدہ منداوراس کے منفی اثرات کیا ہو سکتے ہیں میڈیا میں خوب بحث ہوئی۔

7/جون 2001ء کو جب وزیر اعظم اٹل بہاری واجپائی ممبئی کے برتج کینڈی دواخانے میں شریک تھے تو میڈیا کی اوبی وینس دواخانے کے باہر کھڑی لائیو رپورٹنگ کررہی تھیں، جس کے دوران گھٹنے کی سرجری کی مختلف اقسام سے لے کر ڈاکٹر چترنجن راناوت آرتھوپیڈک سرجن جو کہ امریکہ سے خاص طور پر وزیر اعظم واجپائی کے گھٹنوں کی سرجری کے لیے آئے تھے کی مہارت پر بحث ومباحثہ کیا جارہا تھا۔

آیئے اب ہم دوایسی طبی ہنگامی صورتحال کا ذکر کرتے ہیں جن کے بارے میں نہ صرف صحافی بلکہ عوام کو بھی آگاہ رہنے سے متاثرین کو فوری امداد پہنچائی جاسکتی ہے۔

فالج کا حملہ اور دل کا دورہ۔ دونوں صورتوں میں مریض کو ہنگامی صورتحال کا سامنا ہوتا ہے۔ لیکن جب تک لوگوں کو فالج کے حملے اور دل کے دورے کی علامات معلوم نہ ہوں اس وقت تک وہ کسی کی نہ تو مدد کر سکتے ہیں اور نہ ابتدائی طبی امداد پہنچا سکتے ہیں۔

ڈاکٹرس کے مطابق فالج کے حملے میں مریض چہرے، بازو یا ٹانگ یا جسم کے کسی خاص حصے، عضو یا ایک جانب اچانک کمزوری یا جگہ کا سن ہو جانا محسوس کرتا ہے۔

مریض اچانک تذبذب یا لوگوں کی بات سمجھنے میں دشواری محسوس کرنے لگتا ہے۔ مریض اچانک ایک یا دونوں آنکھوں سے دیکھنے میں دقت محسوس کرنے لگتا ہے۔ اس کے

علاوہ چلنے میں اچانک تکلیف یا دشواری، سر کا چکرانا یا چلتے وقت توازن بگڑ جانا اور بغیر کسی وجہ کے اچانک سر کا شدید درد شروع ہو جانا یہ سبھی فالج کی علامات ہو سکتی ہیں۔

یہ تو وہ علامات ہیں جو فالج کی صورت میں مریض محسوس کر سکتا ہے۔

اس کے علاوہ دل کے دورے کی علامات میں سینے میں تکلیف یا بے آرامی محسوس کرنا۔ نڈھال ہو جانا، متلی یا الٹی کا تقاضہ ہونا۔ جبڑوں، گردن یا کمر میں درد کا احساس اور سانس لینے میں دم گھٹنے والی کیفیت کا محسوس ہونا، دل کے دورہ کی علامات ہو سکتی ہیں۔ اور جب کوئی شخص کسی فرد یا مریض میں اس طرح کی علامات دیکھے تو فوری طور پر قریبی دواخانے کو لے جائے یا ہنگامی طبی سہولیات کے لیے مدد طلب کرے۔

کیونکہ فالج کا حملہ ہو یا دل کا دورہ مریض کو جتنا جلد ممکن ہو سکے طبی امداد پہچانا اتنا ہی سود مند ثابت ہو سکتا ہے۔ ایسے صورتوں میں جتنا جلد مریض کا علاج شروع ہو گا اتنی ہی زیادہ مریض کو واپس اپنے گھر جانے اور معمول کی زندگی گزارنے کی گنجائش ہوتی۔

اس طرح اس بات کی اہمیت معلوم ہوتی ہے کہ صحافیوں کو میدان صحافت کے ساتھ ساتھ اس موضوع کے متعلق بھی خاصی معلومات ہونی چاہئیں جس پر وہ قلم اٹھا رہا ہو یا رپورٹنگ کر رہا ہو۔